U0584593

脱贫攻坚
英模故事

本书编写组　编著

中国青年出版社

图书在版编目（CIP）数据

脱贫攻坚英模故事 / 本书编委会编著 . —北京：中国青年出版社，
2024.8

ISBN 978－7－5153－7221－1

Ⅰ.①脱⋯　Ⅱ.①本⋯　Ⅲ.①扶贫—先进工作者—先进事迹—中国
Ⅳ.① K820.76

中国国家版本馆 CIP 数据核字（2024）第 002640 号

责任编辑：彭岩
出版发行：中国青年出版社
社　　　址：北京市东城区东四十二条 21 号
网　　　址：www.cyp.com.cn
编辑中心：010－57350407
营销中心：010－57350370
经　　销：新华书店
印　　刷：中煤（北京）印务有限公司
规　　格：710mm×1000mm　1/16
印　　张：9.25
字　　数：100 千字
版　　次：2024 年 8 月北京第 1 版
印　　次：2024 年 8 月北京第 1 次
定　　价：50.00 元

如有印装质量问题，请凭购书发票与质检部联系调换。
联系电话：010－57350337

Preface
前言

2012 ～ 2020 年，注定在中华民族的发展史上留下光辉的刻度，也在人类减贫史上树起一座不朽的丰碑。

这八年，以习近平同志为核心的党中央，把贫困人口全部脱贫作为全面建成小康社会的底线任务和标志性指标，汇聚全党全国全社会之力打赢脱贫攻坚战。习近平总书记亲自指挥、亲自部署、亲自督战，顶风雪、冒酷寒、踏泥泞，翻山越岭、跋山涉水，50 多次考察扶贫工作，走遍14个集中连片特困地区，了解真扶贫、扶真贫、脱真贫的实际情况，同贫困群众聊家常、算细账，7 次主持召开中央扶贫工作座谈会，对脱贫攻坚作出安排部署，指明前进方向，彰显着大党大国领袖深厚的人民情怀。

这八年，我们紧盯实现贫困人口"不愁吃、不愁穿，义务教育、基本医疗、住房安全和饮水安全有保障"的总体目标，实施精准扶贫方略，做到扶持对象、项目安排、资金使用、措施到户、因村派人、脱贫成效"六个精准"，实行发展生产、易地搬迁、生态补偿、发展教育、社会保障兜底"五个一批"，分类施策，不留锅底，用绣花针般细密的针脚，将巨幅的脱贫画面在高山河谷之间精准铺展。

这八年，14亿多中华儿女众志成城，以非常之举战非常之役。300多万名第一书记、驻村干部暂别年幼的儿女、至爱的伴侣、年迈的父母，怀抱着改变贫困群众命运的满腔豪情，上雪原、赴边疆、进山沟，向一个个贫困堡垒发起冲锋。

这八年，中国打赢了一场没有硝烟的战斗，9899万贫困群众全部脱贫、832个贫困县全部摘帽、12.8万个贫困村全部出列，千百年来困扰中华民族的绝对贫困问题画上了历史性的句号。我们提前十年实现了联合国《2030年可持续发展议程》中的减贫目标，为全球人类的减贫事业贡献了举足轻重的中国力量，提供了中国智慧和中国方案。

今天，回望历史，我们会发现，这场艰苦卓绝的反贫困之战不仅为我们奠定了一个物阜民丰的物质家园基础，更为中华儿女拓展了一个意义深远的精神故乡。上下同心、尽锐出战、精准务实、开拓创新、攻坚克难、不负人民，脱贫攻坚精神是中国共产党性质宗旨、中国人民意志品质、中华民族精神的生动写照，是爱国主义、集体主义、社会主义思想的集中体现，更是中国力量、中国自信、中国道路的充分彰显。

成就这种精神的，是将生命定格在脱贫攻坚征程上的1800多位同志，是数百万勠力同心的驻村干部、第一书记和基层工作者，是亿万自力更生、奋斗不止的贫困群众，更是14亿多守望相助、握指成拳的中华儿女。这笔精神财富，值得我们骄傲，更值得我们赓续传承。

习近平总书记指出，"大力宣传脱贫攻坚英模的感人事迹和崇高精神，激励广大干部群众为全面建设社会主义现代化国家、实现第二个百年奋斗目标而披坚执锐、勇立新功"。青少年是民族的希望。今天，我们编写这本脱贫攻坚英模故事读本，旨在让广大青少年了解这段彪炳千秋的伟大历程，体会这场没有硝烟的战斗中展现出的高尚品德和人性光辉，读懂中国共产党"为中国人民谋幸福，为中华民族谋复兴"的初心使命，进而继承伟大精神，成长为"中国力量"的后备队，成长为实现中华民族伟大复兴的主力军。

这是一本关于脱贫攻坚英模的读本。

它不长，仅仅选取了脱贫攻坚战场无数熠熠生辉的人物中的六位，但每一位的选取都十分用心。他们中，有把论文写在大地上、毕生献给太行山区扶贫事业的河北农业大学教授李保国；有将中国的减贫经验推向世界的"菌草之父"林占熺；还有燃烧自己、照亮他人，以教育的力量打破贫困代际传递，将2000多位贫困女生送进大学校门的张桂梅。当我们品读他们的事迹，阅读他们的人生时，一定能够体会到将自己的人生投入一项伟大事业中的幸福感。这种幸福，是物质、金钱乃至名誉地位都远远无法比拟的。

它没有那么深奥，书中的每一位人物都像我们身边的亲人、朋友。甘肃舟曲青年扶贫干部张小娟就像一位可爱的邻家大姐姐，她从贫困地区一路走来，也曾是一位埋头苦读的"小镇做题家"，在高等学府学有所成之后，她毅然选择回到自己的家乡舟曲，参与灾后重建、参与脱贫攻坚，将青春定格在故乡的热土上；北京师范大学毕业的黄文秀同样如此，作为一名返回家乡百色任职的"第一书记"，她曾因为自己的稚嫩不被村民理解而委屈，也曾面对困难挑战在日记本上记录自己的忐忑，最终，她用真诚和实干赢得了乡亲们的信任和支持，将自己年轻的生命绽放成新长征路上一朵永不凋零的花；还有重庆市巫溪县下庄村的党支部书记毛相林，他不高大，不"机灵"，只会下"笨功夫"，却用超乎寻常的毅力带领乡亲们开辟出一条"天路"，书写出当代愚公的新传奇。

这些在脱贫攻坚一线涌现出的先进人物，可亲、可敬、可爱、可学，他们在自己普通的岗位上兢兢业业，对党的事业忠诚担当，对人民群众爱得深沉。

榜样的力量是无穷的。中国全面打赢脱贫攻坚战，为人类发展史留下了浓墨重彩的一笔。如今，我们正走在全面建设社会主义现代化国家的新征程上。征程漫漫，惟有奋斗。我们希望这一读本可以在广大青少年朋友心中种下一颗种子，今天为中华复兴而读书，明天为国家和人民发挥自己的光与热，在人生征途和祖国建设中，披荆斩棘、奋勇向前。

Contents
目录

● 农村基层党组织是带领群众脱贫致富的坚强战斗堡垒。

帮钱帮物，更要建个好支部。农村基层党组织是带领群众脱贫致富的坚强战斗堡垒，村党组织书记是脱贫攻坚的"领头雁"。党的十八大以来，各地通过抓党建促脱贫攻坚，持续提升村党组织的凝聚力、战斗力，选优配强村党组织书记，提升贫困村治理能力，激发群众内生发展动力，发扬"宁愿苦干、不愿苦熬"的精神，与贫困进行不屈不挠的斗争，在广袤的田野绘就一幅幅山乡巨变、山河锦绣的时代画卷。

问天借路的当代愚公

——毛相林

毛相林，男，汉族，1959 年 1 月生，重庆市巫山县人，中共党员，第十四届全国人大代表，重庆市巫山县竹贤乡下庄村党支部书记、村委会主任。被中共中央、国务院授予『全国脱贫攻坚楷模』荣誉称号，被中共中央授予『全国优秀共产党员』称号。

登上领奖台，接过"全国脱贫攻坚楷模"的奖章、证书与奖牌，毛相林一时间竟有些恍惚。在这个神圣的时刻，下庄村人20余年与贫困抗争的画面一幕幕如电影般闪过——那层峦叠嶂的大山、为修路不幸牺牲的乡亲、庆祝通路时噼啪作响的爆竹、村内首批挂果的柑橘树、第一栋开张的特色民宿……

　　毛相林在心中对自己为之奋斗了二十多年的村庄呐喊道：下庄村，咱从穷里"挣"出来了！

使命召唤，向天借路

静谧的夜里，万物都沉浸在梦乡里，刚上任下庄村党支部书记的毛相林却完全没有睡意。

"下庄像口井，井有万丈深，来回走一趟，眼花头又昏。"这是下庄村人人都会的一首打油诗，它道出了下庄村的"苦"与"困"，诉说着下庄人的"愁"和"盼"。

下庄村这个地方，对于过往的游客来说是鬼斧神工、峰峦雄伟，可对于下庄人，就是一口与世隔绝的"深井"。"井口"到"井底"的垂直高度足足有1100多米，与外界的通道只有三条窄到不能再窄，又百转千折的羊肠小道，以近乎垂直的角度"挂"在绝壁上，稍有不慎，就会失足遭遇危险。

全村4个社、96户、近400人，有153人从没去过县城，160人从没见过公路，210人从没见过汽车，360多人从没看过电视。在"出井"的这段路上，曾经有60多人从悬崖上摔伤，15人摔残，23人失足掉入悬崖。

村子里的人难出去，外面的人难进来，四面环山的下庄人被天险"困"住了。"困"的孪生兄弟是"穷"，蔬菜卖不出去，猪牛卖

不出去，人生了重病去不了医院，绑了滑竿勉强往山上抬，抬到半路病人就咽了气。一直到 20 世纪 90 年代，下庄村民住的依旧是土坯房，日出而作、日入而息。下庄村人就像井底的那只青蛙，被时代悄悄地甩在了后面，越落越远。

1997 年，毛相林接任下庄村党支部书记。县里开办村支书党校培训班，大巴车拉着学员去七星村参观，那一次让毛相林"刮目相看"——七星村里修了公路，地里的东西可以运到城里卖，一亩地收成上千元，村民都住上了青瓦房、二层楼。在毛相林的记忆里，早些年七星村比下庄村穷多了，"荒山石渣，家家的房屋穿眼漏壁，到了困难年代只能逃荒要饭"。

"下庄村也要修路！"毛相林一宿宿地睡不着觉，脑子里想的全是下庄村的路。

下庄村所在的竹贤乡规划修几条村路，下庄村没得到名额。毛相林找到了乡里干部，提出修路的申请，可乡里干部也为难："修路的项目，我们是反复考虑过的，你们下庄的情况，你又不是不知道，投了钱也是白瞎啊。"

毛相林心有不甘地回到了下庄村，他不屈的意志在此时燃烧：下庄村需要一条路！下庄人渴望一条路！哪怕面临再多的困难，也要咬牙克服！他知道自己不仅仅是毛相林，也是村党支部书记，是一名党员，他的使命不允许他退缩。

下庄村，究竟是继续煎熬在闭塞之中，还是用尽全力搏一把新生？

答案当然是后者。

日复一日，毛相林站在村里对着大山抬头望，目光在崖壁上抠，抠的是一条他心里的、宽宽畅畅可以跑车的路。

他召集村民开大会，商量修路的事情，得到的大多是"甩脑壳"。

"哪有钱修路？"

毛相林掰着指头给大家算账，每户每年喂一头肥猪，全村人能凑 3.8 万元。路如果修十年，就有 38 万元。肥猪钱用完了，咱们可以出去打工，去县城当"棒棒"（挑夫）。"边赚钱，边修路，我们现在修路，是为了将来有钱。"

"地势太险，修路要死人的。"

听到这个反对意见，毛相林激动了："我们死的人还少吗？我们眼睁睁看见的，就死了二十多个了。他们不是修路修死的，是砍柴坠崖死的！"

毛相林把山外的故事讲给乡亲们，"等路通了，咱们再也不会因为爬山坠崖死伤人了。等路通了，山里的东西可以运出去，山外的东西也能运进来。父老乡亲们，你们忍心看着子女一直受穷吗！"

渐渐地，越来越多的乡亲同意了。

每个下庄村的人心里都坚定地知晓："有条公路就好了！"他们渴望这条路，又怀疑自己能不能修成这条路。就这样，毛相林坚定的决心给下庄村人带来了冲出井底的希望。

下庄村，要向天借路。

愚公移山，让子孙换个活法

人心齐，泰山移。毛相林深知：下庄村人干的是愚公移山的壮举，要有决心，更要有规矩。

毛相林给自己立下军令状。一、不贪集体一分一厘，否则天打雷劈；二、不中途"抽梯"，修到钱花光了，就想法子去挣，挣到钱再接着修。

在毛相林的带领下，村民们有钱的出钱、有力的出力。许多曾经离开下庄村的人听闻村里要修路，纷纷回乡帮忙，全村老小的心拧成了一股绳，"无论如何，下庄村要有一条走得出去的路"。

毛相林拿出了自己近乎全部的积蓄。老母亲在知道他的决定后，也拿出了自己积攒多年的积蓄。毛相林对母亲"承诺"："妈，这钱算你借给我的，我一定还！"

下庄村出村的必经之路叫作"鸡冠梁"，修路需要从这里入手。可鸡冠梁上望千仞绝壁，下临万丈深渊，这样的难度把请来的勘测专家惊得打了退堂鼓："这路没法修。"

毛相林握住勘测专家的手，急得要掉泪，他指着山下的村子给专家看，不修路，下庄人就永远被锁在里面了。再过些年，巫山县很可能就没了下庄村这地方了。

勘测专家架不住毛相林的这番恳求，豁出了性命在绝壁上攀爬了一个多月，最终规划出了一条路线。

也就在这时，巫山县农业局局长到下庄村检查工作，他被下庄人敢于向天借路的勇敢与坚贞感动，很快就决定拨款10万元。天时、地利、人和可谓就此集结。

"砰！"

伴随着一声炸天响的开山炮声，向封闭与贫困宣战的"修路之战"正式吹响号角。

村民们纷纷组起队伍，家中人口多的自成一组，人口少的家庭几户合为一组。男人负责开山、炸石头、开路，女人负责做饭、运物资、耕种，老人和孩子负责后勤工作。在整个工程队里，最年长的

63 岁，最年轻的 17 岁，无一人掉队。

没有现代化工具，就用人力顶替；一个人的力量有限，便众志成城。修路难，在悬崖绝壁上凿路更是难上加难。由于四周都是垂直山体，大家不得不在腰间拴着粗绳，努力在洞穴和岩壁上寻找落脚点。毛相林与全体村民不知道磨破了多少双胶鞋，手上和脚上不知道磨出了多少血泡。

若是赶上接连的恶劣天气，修路工作则更是难以进展，人们连站都站不稳，脚下不住打滑。下庄村民们累了就睡在山洞里，渴了就喝山泉水，毒辣的阳光和凛冽的风沙折磨了村民的肉体，却也雕琢了村民的意志。大家互相打气，一起咬牙挺过了诸多日夜。

作为这项艰难工程的发起者，毛相林始终抢着干最重、最累、最危险的活，事事冲在前，时时打头阵，一起干活的村民有时劝他休息一下，他又执拗地走回最前面，"我是支书，是总指挥，就要做个灯塔才行"。

回想起来，下庄村精神便是在此时凝结起来的。

在旷日持久的问天借路中，意外还是发生了。

一块滚落的巨石砸中了正在劳作的黄会元，他掉下了千丈深渊。而一个多月前，一位姓沈的村民在同一地点以几乎同样的方式失去了生命。

失去了两位并肩作战的好战友，毛相林陷入了深深的自责。漫漫修路征程中，毛相林第一次犹豫了，下庄村的未来和乡亲们的生命安全像天平两头的秤砣，重重地压在他的心头。

谁也想不到，第一个站出来安慰毛相林的人是黄会元的父亲。黄老伯老泪纵横地对毛相林说："我儿……死得其所啊……修路修了这么久，用了这么多人力物力，要是现在就这么停了，我儿可就白走了！"

黄老伯的话让大家潸然泪下，村民们在悲伤中坚定信念：一定要把路给修成！不能让乡亲白白牺牲！修路无关乎个人荣辱，修路是全村的使命，是改变全村人命运的唯一契机。

这条路一修就是七年，毛相林在前线冲了七年，村民们亦共同奋斗了七年。

七年中，下庄村得到过多次资金帮助，除了巫山县农业局的鼎力支持，巫山县交通局、重庆市财政局等政府部门也先后为下庄村拨款，社会各界在熟知了下庄村的情况后纷纷自发捐款。这期间，下庄人为了修路失去了 6 条鲜活的生命，2 人因此而残疾，几乎所有村民都在修路中受过不同程度的伤。

在汗与泪的交织下，曙光终于降临了。

悬崖绝壁间一条长达 8 公里的"天路"终于通车了，几辈人渴盼的出山公路梦想成真，下庄村到竹贤乡的时间由过去的 5 个小时缩短到 30 分钟。路修成的那一刻，毛相林的声音都在颤抖："感谢国家，感谢父老乡亲们，感谢所有的爱心人士，我们下庄村的路，修成了！"

看着这来之不易的成果，毛相林深知：人民是真正的英雄！只要我们始终坚持为了人民、依靠人民，尊重人民群众主体地位和首创精神，把人民群众中蕴藏着的智慧和力量充分激发出来，就一定能够创造出令人刮目相看的人间奇迹！

精准扶贫，脱贫致富的"新天路"

路修好后，村民的外出变得便利快捷。下庄村不再老朽、破败与封闭，取而代之的是一副开放的崭新面目。如今的成果，让下庄人第一次真正体味到了生活的美好，也让毛相林迸发出对脱贫致富的无尽动力。

为了宣传与弘扬下庄村民的坚韧精神，毛相林带领村"两委"一班人建成了愚公讲堂和乡情馆，通过"忆、说、立、疏"乡村治理四步工作法，为拜访者与前来学习的学生讲述那不甘落后、不畏艰难、不怕牺牲的下庄精神。

"下庄村的脱贫工作还得继续干，加油干！"毛相林这样告诉自己。

　　毛相林很快找到了新的奋斗方向：下庄村虽然拥抱了外界，但是村民的生活水平还有待提高。村子还是穷，修的这条路不仅要起到"通行"的作用，更要"致富"！

　　毛相林开始向周围的优秀村落求学取经。听说曲尺乡柑橘种得好，当地果农一年收入就有好几万，于是毛相林便带着村民一次次前去观摩。在邀请农业专家考察后，毛相林决定在下庄村引进适宜本地种植的柑橘树。起初怕经验不足导致亏本，毛相林便

让自己的儿子打头阵种植柑橘，在发现可行后，村中百姓才开始大面积种植起来。他还发出号召，呼吁在外务工的年轻人返乡创业。听说双龙镇钱家坝的西瓜供不应求，毛相林和其他村干部一同前去学艺，直到摸索出独属于下庄村的西瓜种植技巧与销售门路。

他到奉节看望朋友，看到朋友的村庄漫山遍野种满了一种名为"纽荷尔"的脐橙，这种柑橘个头大、形状饱满，像一串串灯笼挂在枝头。朋友告诉他，自家种了两百棵，一年能挣三四万。三四万？毛相林像是看到了下庄村的未来，从奉节回来天已经黑透了，毛相林余兴未了地通知村班子成员立即开会。经班子讨论通过，很快请到了农业专家来考察，几经调研，毛相林心里越来越确定：下庄村不论是土质、气候还是光照都极适合种植纽荷尔脐橙。他火速动员村民种植纽荷尔这个新品种。为把关技术，他挨家挨户地检查验收，手把手地教村民打窝种树。

除了增加经济作物，毛相林还积极动员有富余劳动力的家庭外出打工。有位叫陈珍芹的村民，丈夫卧病在床，拉扯一对孩子的她欠了一堆外债，她一度灰心丧气，丧失了生活斗志。村里种柑橘她不参与，也不让自己的孩子出去工作。

毛相林前去探望陈珍芹，他问："怎么不和大家一起种柑橘呢？你的儿子们这么年轻，正是出去闯荡的好时节啊，为什么要把他们绑在身边？"

陈珍芹一副蓬头垢面的样子，懒洋洋地说："种柑橘有啥用？外出打工又有啥用？债那么多，根本还不完。"

毛相林恨铁不成钢的劲儿顿时上来了："那也不能就让生活这么坏下去啊！欠债了努力还，总有还完的一天。这么多父老乡亲都种柑橘挣了钱，你不能掉队啊！你和我一起好好干，也让孩子们多出去闯一闯，行不行？行你就点点头。"陈珍芹红了眼睛，她轻轻点了点头。

于是毛相林帮助陈珍芹的两个孩子找到了工作。陈珍芹的家庭渐渐走上了正轨，债务也越来越少。

就这样，毛相林帮助乡亲们联系外出务工的机会，十年来，先后有百余村民外出打工，全村每年劳务收入超过 200 万元。

好日子在持续推进中，新的问题也随之而来。

随着下庄村产业不断壮大，从前的基建显然有些跟不上了，其中最为明显的便是让下庄人引以为豪的"天路"——这条连通村子内外的路，路面太窄，只有摩托车和小型农用车能勉强通过，满足不了如今的大型车。此外，路面的状况亦不是很好，遇到下雨天，山上冲下的泥石经常阻碍交通。

毛相林看在眼里急在心里，"天路"的拓宽和硬化势在必行。

2013 年，在湘西州十八洞村，习近平总书记首次提出"精准扶贫"。在摸底调查之后，下庄村被精准识别为贫困村。

"扶贫开发贵在精准、重在精准，成败之举在于精准。""在扶贫的路上，不能落下一个贫困家庭，丢下一个贫困群众。""要采取超常举措，拿出过硬办法，按照精准扶贫、精准脱贫要求，用一套政策组合拳，确保在既定时间节点打赢扶贫开发攻坚战。"这一字一句，不就是在为下庄村的未来做谋划吗？

自从路修通了，再也不会有乡亲因为走出村子经受千辛万苦，甚至献出生命，村子里的农产品也可以更好地运出大山了。日子一天天好了起来，村民们发自内心热爱这样的生活，大家劲儿往一处使，进一步拓宽"天路"势在必行，这是下庄人走得更远、迈向幸福生活的必由之路。

下庄村浴火重生的契机来了。村里获得 400 多万元扶持资金。

村民们再一次集结了起来。有了之前的同舟共济的经历，村民们变得更加团结，对毛相林也更加信赖。有了乡亲们的患难与共，毛相林感觉自己充满了力量。再也没什么比群众的信赖更能鼓舞人心了。

这一次基建完备、扶持资金充足，大家无须像初次修建天路时那般艰辛坎坷，而村民们坚韧的精神与日俱增。下庄村民们分工明确，天路提档升级的工作势如破竹，天路被拓宽至 4.5 米，路面进行硬化完善，道路两侧在临近悬崖的一边加设了护栏。乡亲们的生命安全得到了进一步保障，产业发展的路径也更宽了。

在"新天路"面前，村民们欢欣鼓舞。在毛相林和村民的共同坚守与努力下，下庄村村民的腰包鼓了，村庄的面貌也变美了。

看着这一切的改变，毛相林的喜悦溢于言表。时间一晃而过，毛相林在下庄村生活了近20个年头了，他带领下庄村获得了焕然一新的面目，下庄村给了毛相林恒久的成长。在下庄村的变化中，他一步步地锻造、锤炼了个人意志，成长为一名更加优秀的、为脱贫攻坚奋斗的战士。

下庄之美盛放，村庄振翅蝶变

祖国发展日新月异，下庄村也是如此。实现下庄村的全民脱贫，光靠农业还不够。农作物种植的利润空间有限，下庄人绝不能始终守着一亩三分地过日子。

经过多地考察，毛相林认定发展旅游业是一个好方向。过去，农村人向往城里，仿佛农村就是贫穷、落后的象征。脱贫攻坚改变了这种状况，村庄美起来了，生活逐渐现代化，城里人能享受到的公共设施和服务在村里越来越普及。可城里没有的青山绿水，世外桃源，下庄村却是得天独厚。"下庄村景色宜人、地貌独特，下庄精神深沉而又真挚，下庄村发展旅游业再适合不过了！"

有了这个想法，毛相林的信念开始坚定起来，他开始把想法付诸现实。在他的带领下，下庄村将原来的老朽破败的土坯房改造成风貌美观且统一的乡村民宿。此外，下庄村还引入旅游公司，打造"下庄古道""鸡冠岭"等旅游景点。

但毛相林一直有个心病。他时常能想起那些曾经因修路而逝去的乡亲，"下庄村，要是能有个纪念他们的地方就好了……"

领导了解了毛相林的想法，说："这件事县里在筹划了，下庄村要建个陈列馆。建这个陈列馆的目的，一是为了铭记先辈，二是为了教育后代。"

很快，下庄村便组织建设了"下庄人事迹"陈列馆，陈列着相关照片、影像资料与实体物件，再现了下庄人战天斗地、绝壁开路的事迹，弘扬着下庄村的历史底蕴、人物事迹与风土人情。正是通过下庄精神与旅游开发的融合，奠定了下庄村旅游更深层次的内涵。

下庄村的名气越来越大，许多人都慕名前来寻访下庄"天路"，感受下庄精神。游客的来访起到的促进作用是递进式的：游客来了，会带动农特产品的销售；农特产品的销量又带动当地特色美食的销量；各领域销量提升后，就会有更多的资金用于投入村庄基础建设的升级。

旅游业进展得如火如荼，下庄村的生活越来越美好，村民们

欢笑声迭起。毛相林趁热打铁，挖掘着下庄村的新潜力。

下庄村的最低处有一条河沟，河沟边的坡地上原本空着，白白浪费了好资源。毛相林带领乡亲们在此处开拓、种植，把这片原本的荒地改造成了 650 亩的柑橘林，柑橘树下又套种了西瓜、小麦、南瓜等传统作物。

柑橘林对面的山坡上也栽植了 150 亩桃树，春天到来的时候，桃花正红，许多人前往这边的河沟里玩水、捉螃蟹。风拂之下，这里俨然是一片独属于下庄村的"桃花源"，与对岸的柑橘林遥相呼应。

至此，下庄村有了三大脱贫致富的法宝：旅游、柑橘、桃花林。

2015 年底，下庄村贫困户全部脱贫。

2020 年，下庄村的人均纯收入有 13700 多元，电视、洗衣机、电冰箱、空调……各种家用电器被村民买回了家，新修的房子在绿树掩映间伫立着。

也就在这年底，我国脱贫攻坚取得全面胜利：脱贫人口生活水平显著提升，贫困地区落后面貌根本改变，脱贫群众精神风貌焕然一新，贫困地区基层治理能力显著提升。下庄村，是脱贫摘帽的 12.8 万个贫困村之一，它用自己的蝶变向世界展示了中国人自力更生、艰苦奋斗的精神，更展示了脱贫攻坚伟业彻底改变了每一个贫困群众的生活。

作为一位村支部书记，毛相林是我国千千万万奋斗在脱贫攻坚战场前线上的一员。"五级书记抓扶贫"，他们是反贫困战场上的钢筋铁骨，因为有了他们，中国的反贫困事业稳扎稳打，无数个像下庄一样的村落在脱胎换骨后蓬勃发展。

桃林与柑橘林交织掩映。毛相林依旧在村里忙碌着。他知道，在乡村振兴的蓝图下，下庄村正昂首迈向未来。

授人以鱼，不如授人以渔。脱贫攻坚战期间，我们始终坚持开发式扶贫方针，把发展作为解决贫困问题的根本途径，帮助贫困地区因地制宜培育脱贫产业。广大科技工作者积极响应党中央号召，到贫困地区开展农业科技服务，对农民群众进行技术培训和田间指导，把论文写在大地上，用科技助力群众增收。全国共建立科技帮扶结对 7.7 万个，选派科技特派员 28.98 万名，实施科技项目 3.76 万个，为脱贫地区产业发展、群众增收提供了坚强的科技支撑。

把论文写在太行山上
——李保国

李保国（1958年2月～2016年4月），男，汉族，河北省武邑县县人，中共党员，生前为河北农业大学教授、博士生导师。被中共中央追授『全国优秀共产党员』称号，被追授『时代楷模』『全国脱贫攻坚模范』荣誉称号。

峰峦起伏的太行山，是和李保国的名字联系在一起的。

1981 年，当意气风发的李保国带着自己的梦想，第一次走进太行深山区，那个历史上赫赫有名的老革命根据地，只有黑洞洞的土坯房，拉满蛛网的房梁，露出棉絮的被子，苦涩的糊糊……李保国惊呆了，这就是被称为"后方大粮仓"的太行山吗，为何还是如此模样？

从此，李保国把自己当成了一粒种子，无怨无悔地在太行山的土壤中生根开花。直至 35 年后，他因劳累过度，心脏病突发，悄悄随春风而去，长眠在苹果花盛开和绿波滚滚的山冈上。

前南峪的致富梦

李保国与山区治理的故事，要从 20 世纪 80 年代说起。

作为恢复高考后第一批河北林业专科学校毕业的大学生，李保国由于品学兼优留校任教，此时他刚满 23 岁。

前南峪的一切，是李保国熟悉的村庄、树木、土地、河流和山岭。春天的天空是蔚蓝色，太阳在头顶上，闪耀着灿烂的光辉。裸露的耕地在广阔的山野上，呈褐黄色，一块接连着一块，一直伸延到远远的山脚下。

路侧是一条曲曲弯弯、从西北方流过来的浆水河。河冰正在融解，漂浮在水流上面的冰凌，在阳光下闪动着银白的光亮，拖拉机沿着河边的公路开着。田埂边白杨树的尖顶上传来喜鹊的喳喳叫声，清亮悦耳地在山野的静寂空气里回荡着。李保国精神焕发地坐在车上，兴奋而又愉快地感受着这一切。他呼吸着山村泥土特有的气味！

当时，李保国刚参加工作仅十几天，随河北农业大学林学、水土保持专家带领的首批课题攻关组，考察研究太行山区的水土流失问题，希望能够解决太行山区土壤瘠薄、干旱缺水、造林成活率低、年年造林不见林的重大难题。从那一天开始，直到生命的尽头，他把自己的一切都献给了太行山。

石头山，石头路，石头房，进入前南峪村，目之所及尽是荒芜的颜色。作为典型的石质山地，前南峪村资源匮乏、植被稀少、山大沟深，被人们戏称为"大山开会的地方"。苦瘠的前南峪，全村900多口人就有100多个光棍，人们多么想像传说中的愚公一样，把眼前的大山搬走，把苦巴巴的日子赶走。

年轻的李保国从农村走出来，他看到了农民的累，更尝过农民的苦，所以不愿再让农民受累，不让农民再吃苦。

跑遍了前南峪村的沟沟坎坎之后，李保国得出结论：想让树木存活，必须加厚土层。但在遍地石头的前南峪，谈何容易。

石头硬，就用炸药把石头炸掉！年轻的李保国敢想敢干，带领村民顺着山势开挖出一道道条状沟。爆破以后，条状沟周围的土质更易填充到沟内，同时也相当于置备下一个个蓄水池。聚集土壤，留下雨水，有了水土，前南峪的树自然就有了活路。

用炸药就免不了风险。有一次，李保国大着胆子上前查看一管"蔫炮"，刚靠近就爆炸了，还好有惊无险，只是被崩了个大跟头。在轰隆隆如春雷般的爆炸声中，前南峪的生态环境开始好转。但山上长满了叶子，却没有长出"票子"；山绿了，老百姓的贫穷面貌并未改变。

栽果树，是李保国为山区老乡们想出的新路子。

"不中！不中！"前南峪村的老乡们听说这个新来的专家要搞什么"科学种植"时，第一反应都是反对。在这片水土流失极其严重的土地上，村民世世代代都是在石头缝里刨生活，想要在山上栽果树，无疑是天方夜谭。

倔强的李保国不这样认为，他决定从板栗树和苹果树入手，一步步摸索如何在山上栽树。面对一个自己几乎完全陌生的领域，他借来大量专业书籍，石板屋中、煤油灯下，漫漫长夜里，一点点摸索着大山的脾气，立志要开发出适合太行山地区的苹果和板栗栽培技术。

有了丰富的理论储备，是时候对村里种植的树木进行改良了。

李保国采用双枝更新法：每年砍去一些老树枝，促进新树枝的萌发，达到果树逐年更新的效果。

这些方法在村民看来就是"胡闹"，他们担心李保国会毁掉自己的果树，担心这个城里人会半途而废……争执中，李保国提出由自己承担所有亏损，村民才勉强同意。

当年九月，李保国负责的果树带来了前所未有的收成，金灿灿的果实点燃了村民致富的热情，这个看似普通乡村农民的大学教授终于赢得了村民的信任。

只有这点成就可不够，想要果树产量高，离不开土壤肥力的保持，怎样保住贫瘠土壤里有限的肥力呢？李保国苦想冥思。

从此，清晨的大山上、沟壑间，多了一个用脚来丈量土地的人。一段时间后，"隔坡沟状梯田"被李保国规划了出来——在原有坡面基础上改挖沟，一米半深，两米宽，沟内垫上好土，再用鸡粪做底肥，果树种在垫了肥土的沟里，像是种在一道道"浅槽"里，这种梯田也被老百姓形象地叫作"槽型梯田"。这样创造性的做法留住水，也留住土，有效地打破了太行山水土流失的怪圈。

"才看含鬓白，稍视霜衣密。道骑全不分，郊树都如失。"2015年冬季的一个早晨，大雾弥漫，天地一片混沌。"这么大的雾，李教授能来吗？"前南峪村的果农们一边朝果园走，一边议论。

"依我看，李老师还是不来为好。"一个老汉摇着头说，应该给李老师打个电话请他改天再来，咱们得为他的安全考虑。

"告诉大家，我马上就到。"正在开车的李保国紧握方向盘，双眼注视前方，他的声音干脆利索，不容置疑。

雾气笼罩的果园里，李保国绘声绘色地讲着，果农们里里外外围了好几层。时间像长了翅膀一样，不知不觉已经飞到中午。雾慢慢散去，天下起了大雪。

天地苍茫，李保国似乎没有觉察到下雪了，正用诙谐的语言形象地打着比方。果农们似乎也没有察觉到雪的存在，大家都听得入迷，谁愿意错过李保国的课呢？

李保国心里牵挂着群众，群众心里更牵挂着他。

盛夏的一天，李保国行至内丘县摩天岭村遇上交通堵塞，进退不得，不得不下车查看。

果然，一台拉石头的拖拉机陷在这儿了。司机急得满头大汗，正挥锹铲石子垫道，一时半会儿很难奏效……

李保国奔过去，就要帮着垫道，却被村民们认了出来。

当大家听说李保国急着回保定参加一个学术会议，一个村民大声喊道："快把我家院墙推了，让李老师的车过去！"

没容李保国阻拦，几个人一拥而上，硬是将路边一堵土坯墙围成的农家院扒开三米多宽的缺口，让李保国的汽车从院子中间穿过。

李保国感动不已。在他心中，与自己的付出相比，农民给予他的回报，比脚下的太行山更有分量。

岗底村来了"科技财神"

1996 年 8 月，一场特大暴雨席卷太行山。一瞬间，仿佛天地之间都成了一片汪洋。

人可以逃到高处，可田地无法逃避洪水的侵袭。位于太行深山区的岗底村损失惨重，全村250亩耕地冲了个一干二净，河滩地变成了乱石堆，村里男女老幼哭成一片……

"有女不嫁岗底郎，光着脊梁睡土炕。"当时的岗底村和整个太行山区其他山村一样，重峦叠嶂，怪石嶙峋，抬头是石山，低头是山石。人们的田地就挂在山腰上，巴掌大小，七扭八歪。遇到老天爷翻脸，一年庄稼连留作种子用的都收不回来。

大雨过后，李保国等人组成的科技救灾团，从南到北察看当地灾情。一行人来到内丘县岗底村，听完村里的当家人、村支书杨双牛眼中含泪的汇报，已是泪流满面。

此情此景，深深地打动了在座的每一个人。李保国在废弃的烟盒上写下了自己的联系方式，递给杨双牛："等修成通往后山的道路，可以联系我。"

谁也没想到，这个纸条，竟成了连接李保国和岗底村的纽带。

来到岗底村，李保国先画了两张图：一张是村民的家庭住址图，另一张是岗底村的果园分布图。在对全村8000多亩山地进行调查后，李保国把岗底村脱贫的法宝押在苹果产业上。

说易行难，岗底村人对李保国并不买账。说起来，苹果是岗底村人心里的痛。20世纪80年代起，岗底村就在山上种植过大片果树，但结的苹果瘦瘦小小，被戏称为"小黑蛋子"，又难看又难吃，根本没人要。面对李保国的苹果种植方案，部分村民抵触心理较大。

李保国脾气倔，性格直，办事认真，常被人称为"杠头班长"。李保国说，要转变农民观念，没有"杠头"劲儿哪行？李保国确实有一种"杠头"劲儿，但这不是死抬杠，而是一种执着精神，一种对正确性的坚持。

李保国要求疏花疏果，村民们心疼，舍不得。李保国又推广苹果套袋技术，有人抱怨，没听说还能给苹果穿衣服的，捂烂了怎么办？甚至有人怀疑，这个所谓的专家是来卖果袋的……

倔脾气上来了的李保国为了推行苹果套袋技术，自筹资金买来16万个果袋，手把手教农民使用，在河北全省率先给苹果"穿上了衣服"。

秋后，离采摘时刻近了，一枝枝、一树树快要成熟的苹果，像一群群风华正茂的妙龄姑娘拥挤在一起。它们并不羞羞答答，而是昂首侧脸、自得其乐地眺望着高远的天空、彩色的山野。

套袋的果农按照李保国的要求，家家户户摘下了纸袋。纸袋子一摘，大伙儿可是傻了眼了。果农们发现苹果个头确实比以前大，可颜色却是白的。

当时就有村民沉不住气了，议论纷纷："李保国在咱村这是胡整哩！你瞧瞧现在这苹果弄成个啥了？白不拉儿的，谁要啊！"

"就这苹果，到时候你去卖一卖，甭说挣钱了，白给都没人要，不信你试试。"

李保国在一边听着，心里也不好受。他坚定地安慰大家："乡亲们别心急，往后看。"

为了使苹果着全色，李保国又指导果农，一是在树下铺上反光膜，使果背阴面也着上色；二是摘叶，把挡着阳光的树叶摘掉；三是转果，让苹果均匀见光。

　　到秋天，凡是套袋的苹果，竟是那么红，都像小红灯笼似的压弯了枝头，每公斤能卖到30多元。村民们看着漫山遍野的丰收景象，个个喜出望外。

　　种了几辈子苹果、卖了几辈子苹果，岗底村人谁见过这样的苹果、这样的价钱？人家李老师种的是"金果子"呀！如今，岗底村村民仅苹果一项，人均年收入就从不足80元提至2.5万元。

　　一时间，李保国成了村里的"科技财神"，在岗底村人的心里，他就像一颗启明星，悬挂在村庄后边山冈的顶上，是那么大、那么亮，放射着令人注目的光辉。

2003 年，岗底村合作社改制，合作社负责人杨双牛悄悄把李保国拉到一边，热情地握着他的手说："这些年辛苦您了，我们送您一些股份吧。"

李保国的脸沉了下来，斩钉截铁地说："这个话不要再说。"

在李保国看来，他是富有的。他拥有 28 项科研成果，推广了 36 项实用技术，拥有一个和他一样优秀的林果研究员妻子，他拥有一个流动的四只辘轳支撑的每年颠簸 4 万公里的"家"，他拥有 140 万亩浸润着李氏 DNA 的花果山。

常有人问李保国："你跟岗底不沾亲带故，为什么这样卖劲儿干？"

李保国不假思索地说："我是农民的儿子，最见不得农民穷，老百姓脱贫需要什么，我就研究什么。"

后来，跟杨双牛回忆起这件事时，李保国显得异常激动："有些心里话，说了可能会让人觉得我在唱高调。可我相信给你说，你能明白我。在战争年代，太行山区牺牲了那么多人，你说他们图什么？不就图过上好日子？先辈流血都不怕，咱是共产党员，是党和人民成就了我们，我们为农民脱贫致富流点汗算啥？"

做农民心上人

李保国曾经这样说过："果园早一年进入盛果期，对我来说不算什么。可一亩地增收4000斤苹果，按最普通的果子，最保守的价格算，一斤苹果增收两块钱，一亩地就增收8000元，咱忙点就忙点，多值！"

35年来，李保国始终与农民心连心、心贴心。科技之手"点石成金"的奇迹，在太行山区不断上演。

李保国扎根太行，服务太行，让科学留在太行，让知识走近太行，接地气，贴人心。坚持将最好的论文写在太行山上，把最有价值的学术成果变成大地上最美的硕果。

知识曾改变了自己的命运，自己又运用知识改变了农民的命运，这就是李保国既朴素又真实的价值观。李保国也确实像个农民。他的个子不到一米七，皮肤黝黑，胡子

拉碴，看起来和蔼可亲。

按太行山区农民的话说："李老师看着很土，不是个讲究人，啥也吃、啥也干。他腰里总别着钢锯和一把大剪刀，问啥教啥，没有一点架子，不像是个大教授，看着跟俺们村里人似的。"

在山区农民的嘴里，几乎没有"李保国"这三个字，大家更喜欢称他"李老师"，或称他"科技财神"。正月里，家家户户都想邀请李老师吃饭，他不得不委婉拒绝老乡们的好意。

一旦承受使命的驱使，整日同事业相伴，生命之河便一改往日的沉重和抑郁，激越如峡江流水，呼啸着奔腾向前。

紧张的工作，过度的劳累，让李保国的健康状况不容乐观，糖尿病和心脏病开始折磨他，但他却舍不得把宝贵的时间留给一台手术。甚至有一次，在葫芦峪园区，李保国正给果农讲核桃树修剪，不料心脏病发作，人们急忙打电话叫来救护车。

这一年，李保国56岁。再过几年，他就该退休了。其实从这一年春节之后，李保国开始明显憔悴，春节后短短两个月，他的体重下降了10多斤，可他仍然坚持下乡20多次，奔走于赤城、平山、南和、临城……

大家都劝他去医院看看，李保国却总推托说"没时间"。太行山在他心里比什么都重要——此时，李保国不是不知道自己的身体状况，也不是不知道这病的危险性。他是把整个身心，都交给了太行山区的群众，太行山区的扶贫。

正像一位指挥员，在战斗最紧张的时刻却要离开炮火纷飞的前沿阵地一样，他从心底感到痛苦、内疚和不安。正是因为这样，他才更拼命，他怕时间不够，他怕他少帮了一个贫困村，就会辜负一群人的希望。

同事们都说，这30多年，李保国为了拿出更多的时间服务太行山区，他干了比普通人70年还多的工作。李保国却说："我有三个家，一个在城市里，一个在太行山里，还有一个是那辆下乡的越野车。"

在去世前的4个月，李保国在家的时间总共不到10天。为了绿山富民，李保国为山区付出越多，愧疚家里也就越多。他不止一次地说，如果有来世，我什么都不干，一定要做个好父亲、好丈夫、好儿子。

但，今生今世他是永远做不到了。2016年4月10日，劳累的李保国在睡梦中病发，心脏停止了跳动。

云幕低垂，太行肃立。从内丘县岗底村到邢台市前南峪，从临城县绿岭薄皮核桃基地到平山县葫芦峪现代农业园，从邢台到石家庄、保定，太行山区的老百姓，扶老携幼，自发为这位对党忠诚、心系人民、艰苦奋斗、无私奉献的林业专家举行追悼会。

一颗心——一片翻腾的大海；一双眼——一道冲决的大堤。多少人喊着他，扑向灵棚；多少人跑向他，献上花束和致敬："太行山绿了，可你却走了！这里的农民舍不得你，太行山舍不得你！太行人民永远怀念你！"

李保国永远无法听到，有多少闻知噩耗的痛哭，太行山的老百姓舍不得他！李保国也永远无法知晓，多少情真意切的呼唤，燕赵儿女舍不得他！

在太行人民的心里，他们的李保国教授没有走！那一颗颗凝聚着科技含量的苹果，那一片片高产优质的果园，那一座座满目苍翠的山冈，满浸着李保国的青春、智慧和汗水，谁说不是一座座无言的不朽丰碑。

李保国生前，有记者在随他进山的路上问他："想过以后再做点什么，过什么样的日子吗？"

他却回答："我已经习惯了山里的生活。到时候，也许就和老伴儿找个小山村住下。"

"你一生最喜欢的颜色是什么？"记者又问。

"我喜欢绿色。"

"为什么？"

"我从小就喜欢这种颜色。一生都在绿化太行。"他停了一下，又说，"我深深地体会到'绿'是象征着浓郁的春光、蓬勃的青春、崇高的理想、热切的希望……绿，是人生中的青年时代。个人、社会、国家、民族、人类都有其生命中的青年时代。"

李保国开着车在太行山的柏油路上疾驰。公路两边的苹果树、山楂树飞快地闪过，黑黝黝的群山缓缓移来。山间的核桃树醒目地展开枝杈，仿佛在伸着懒腰。一只花喜鹊从核桃树顶端飞了下来，一跳一跳地掠过层层梯田。

公路盘旋上升，李保国拉开车窗，让夹杂着草木芬芳的山风吹到他脸上。他大口大口地呼吸着，眼睛渐渐地亮起来。他觉得身体里有什么东西被山风吹醒了，在血管里骚动。

"我愿做太行山上一棵树，我的根，永远扎在这里。"李保国双手紧握一下方向盘，轻踩一脚油门，汽车加速向前。他不时地凝视一下飘过身后的山坡，那是一道在他心头流淌不息的绿色风景，是他心底的至爱。

斯人已逝，浩气长存。

如今，李保国的汗水与心血滋养着八百里太行，李保国的名字，永远与巍巍太行同在。

在脱贫攻坚没有硝烟的战场上，各级干部以热血赴使命、以行动践诺言，扎根基层一线，倾心倾力帮助贫困群众找出路、谋发展。他们与贫困群众结对子、认亲戚，有的常年加班加点、默默奉献，有的带病坚持工作、不辞劳苦，困难面前豁得出，关键时刻顶得上，把心血和汗水洒遍千山万水、千家万户，用自己的辛劳换来贫困群众的幸福生活，用实际行动诠释了不变的初心和使命。

扶贫路上的格桑花

——张小娟

张小娟（1985年4月～2019年10月），女，藏族，甘肃舟曲人，中共党员，毕业于中央民族大学。生前系舟曲县扶贫办副主任。被中共中央、国务院追授『全国脱贫攻坚楷模』荣誉称号，被中共中央追授『全国优秀共产党员』称号，被追授『全国三八红旗手』『中国青年五四奖章』等。

崎岖的盘山路从山谷往上，在陡峭的山坡七弯八绕，直至拍摄者所在的半山坡或山梁，犹如一条游弋在山间的白龙。这是 2019 年 10 月 5 日 13 时 44 分，张小娟生前发布的最后一条微信朋友圈动态。那天，是甘肃省甘南藏族自治州舟曲县贫困退出县级验收工作全面展开验收工作的第一天。张小娟为图片配上文字："再崎岖的路，也是过得去的。"

谁也想不到，她火热的生命，在两天后戛然而止，定格在了 34 岁，定格在她热爱的扶贫路上。

小县城走出的文科状元

在遥远的大西北，巍巍秦岭与莽莽青藏高原交织的千峰万仞间，白龙江水奔腾浩荡，人们在此艰苦创业、繁衍生息。"舟曲"在藏语中是"龙江"的意思，白龙江穿境而过，正是舟曲名字的由来。

舟曲山川秀丽，峰峦叠嶂，汉藏两个民族在这片土地上世代耕耘，用智慧和汗水构筑了独具特色的地方文化。这里生态资源丰富，被誉为"藏乡小江南""陇上桃花源"。然而，舟曲也是全国滑坡、泥石流、地震三大地质灾害多发区，处于深度贫困的"三区三州"腹地，是脱贫攻坚战的重中之重、坚中之坚。

1985 年，张小娟出生在舟曲县曲瓦乡城马村的一个普通藏族农民家中。城马村依山傍水，村中百年梨树盘曲多姿，浓荫密布。良好的家风深深影响着张小娟，也涵养了她爱家乡、爱祖国的内心。2003 年，勤奋刻苦的张小娟以全县"文科状元"的优异成绩考入中央民族大学。离开家乡去北京那天，乡亲们纷纷把家里的"好东西"塞进她的行囊：核桃、梨、蜂蜜……有的乡亲还塞给她钱：50 元、100 元……面对乡亲们淳朴厚重的情谊，她心怀感恩，暗下决心：等有出息了，一定要建设家乡，加倍答谢乡亲们。

　　走在繁华的北京街头，朴实的张小娟从未忘记自己的家乡。大学期间，她曾在甘肃会宁和湖南湘西凤凰两个国家扶贫开发工作重

点县，短暂支教及进行社会实践。这些经历更加深了她对家乡贫困状况的思考。在一篇名为《寂寞城马》的文章中，张小娟写道："城马这类隐在山里的小村子，一直寂寞着，不是因为没有高楼、滨河路和广场，而是因为没有人，特别是没有一批富有活力的年轻人。""想办法发掘一切资源，创造有利条件，使村民在自己的土地上有事情可做，大概是留住劳动力的必要路径。"字里行间，满是对家乡深深的眷念。

从京城白领到乡镇干部

父亲张生财经历过农村的苦，深刻懂得知识改变命运的意义。他曾认真地对女儿说："娟儿，好好学习，以后争取留在北京。"张小娟没有辜负父亲的期望，大学期间她求知若渴、自强不息，毕业后入职北京一家知名酒店，任人事部经理，落户北京。

她本有一个无限美好的前程。

2008 年 5 月 12 日，汶川发生 7.8 级大地震，舟曲也是重灾区。身在北京的张小娟焦急万分，她时刻关注着家乡灾情，询问家人受灾情况。她问姐姐张小慧，自己如果回去工作，能做些什么？姐姐半开玩笑地说："回来，你就是个乡镇干部，每天都要在泥巴地里跑⋯⋯"那些日子，张小娟时常梦回故园，梦中山川破碎，故土满目疮痍，一向乐观、开朗的她陷入了内心的煎熬与纠结。

令张小慧想不到的是，这个令全家人无比骄傲的妹妹，真的在当年6月底，决然辞去工作，放弃了北京的一切，回到被地震肆虐过的家乡舟曲——来实现她建设心爱舟曲、建设美丽家乡的诺言。

张小娟回乡的消息引起了小城的轰动。有人不解、有人惋惜。面对发小是否觉得遗憾的发问，张小娟爽朗地说："咱们舟曲也会好的，你看，我们这些人回到家乡，尽自己的力量让家乡变得更美，这不是很好吗？"

回到舟曲的张小娟，先是在立节镇当司法助理员，同时兼任镇党委秘书和驻村干部。到立节镇时，正是地震灾后重建的关键时刻。许多青壮年劳力在外务工，农村大多是留守老人和儿童，修葺重建房屋力不从心。舟曲县委、县政府发布动员，机关和乡镇干部积极参与重建。张小娟主动请缨投入抗震救灾一线的工作。她很小就跟着父母下地干活，在帮助乡亲重建家园的日子里，她抢着干脏活、累活，衣服上的灰土、鞋面上的泥浆，装点了她的朴实无华。在司法助理员的岗位上，张小娟侧重宣传法治理念，提升村民法律意识。利用自己熟知当地风土人情的优势，她积极帮助解决民间纠纷，真心实意为民解忧。还协助乡政府开展新型农村合作医疗、人口普查、村级选举等工作。在干部驻村活动中，张小娟曾任花年村驻村干部，

挂职水地村副主任。无论在哪个岗位上，她都积极奔走于乡政府和所驻村之间，走村入户，化身为政府与群众的"桥梁"，为群众脱贫致富谋划"金点子"。她坚持从当地实际情况出发，鼓励乡亲们发展土鸡养殖、种植藏药材产业，并时常利用自己的朋友圈为村民联系外出务工的机会。

生命至上，人民至上

2010年8月7日深夜，一场特大暴雨打破了舟曲的宁谧。

白龙江汹涌湍急，泥流、水流、石流并下，轰隆隆的水声传到很远的地方。特大泥石流自南向北冲向县城，形成堰塞湖，白龙江水迅速上涨，河岸边的土房子瞬间被咆哮的砂浆吞没，原来人口稠密的三眼峪变成了烂泥沟……泥石流冲垮桥梁、房屋、道路以及电力通讯设施，冲得大地变了形状。灾难造成1700多人死亡，成千上万的群众无家可归，全城陷入一片黑暗。

交通瘫痪，外部救援受阻。舟曲，必须依靠自救。人手短缺的危急关头，舟曲2600多名党员和400余名入党积极分子组建了140支党员突击队。张小娟接到组织命令立即加入立节镇党员突击队，第一时间从45公里外的立节镇赶往县城投入救灾抢险中。组织上没有让她直接加入救灾行动，只是让她负责灾情统计、舆论宣传等工作，但她义无反顾，每天第一时间出现在救援现场，冲锋在抗险救灾最前线。晚上收工后，她又开始加班熬夜写材料。大家劝她保重身体，她笑着对领导和队友说："我是白天练体力，晚上练脑力，两不耽误。再说，不参加救灾行动，没有感受也写不出先进人物事迹。"

生命至上，人民至上。经过五天齐力同心的奋战，党员突击队成功解救受困群众1243人。那些日子，张小娟早出晚归，浑身散发着无穷的力量。她和队员们一起战天斗地，忘我冲锋在抗灾救援第一线——清废墟、挖淤泥、搬救灾物资，什么苦活累活儿都往前冲，超负荷的工作让她忙得忘记了时间。在泥石流过境后的废墟上，她面对党旗庄严宣誓，火线入党。

当回忆起这段经历时，张小娟说："我们的祖国、我们的党，庇护着我们熬过了5·12地震和8·7特大泥石流灾害的至暗时刻。当

时的我，肩膀尚且稚嫩，我在基层，跟着党旗，和我的父老乡亲们，抢险救灾，重建家园。"在这简洁的言语中，她表达出了对党和祖国的一腔热忱，以及对舟曲大地的一片真情。

扶贫"活字典"

舟曲是国家确定的深度贫困县，贫困发生率高，资源难以支撑本地长足发展，扶贫工作千头万绪。春江水暖、大地复苏的季节，27 岁的张小娟调任曲瓦乡副乡长，同时担任曲瓦乡扶贫站站长，一干就是四年。

2015 年 11 月，脱贫攻坚战全面打响，这立刻成为统领舟曲县经济社会发展的头等大事。县扶贫办急需一名能力强、业务熟、德才兼备的干部来挑大梁。县委书记与县扶贫办主任不约而同想到了一个合适人选：张小娟。调任后，张小娟果然不负众望，能干肯干。履职期间，她的足迹遍布舟曲全县 300 多个自然村中的 208 个，踏遍了 87 个贫困村的山山水水，直到生命的最后一刻。

博峪镇是舟曲县 19 个乡镇中，离县城最远的一个。山路崎岖不说，还要翻越海拔近 3500 米的博铁梁，夏季暴雨肆虐，冬天冰雪覆盖，单程就要六七个小时，而张小娟几乎每月都去一两次。这里，也是她生前下乡入村的最后一站。

"我们正大力发展纹党花蜂蜜产业，为大家指出这条脱贫致富路的，正是张小娟啊。"博峪镇卧欧诺村支书薛代花含着泪说。

原来，张小娟无意中听薛代花说起过在村里养蜂的事，就替她留了心。还帮助她在村里成立了合作社，从品牌打造、设计包装，到选址建厂、申请批地、筹措资金的整个过程悉心指点。合作社壮大后，张小娟又建议薛代花别把视线只放在村里，要把产业做大做强。如今，合作社已建成年产 100 吨的土蜂蜜加工生产线，打造了享誉省内外的纹党花蜂蜜品牌。

"很多事并不是她的分内事，但她从来没有不耐烦，总是尽力帮我们。"薛代花说，合作社能有今天，离不开张小娟的帮助。

在脱贫攻坚的大潮中，张小娟不遗余力地奉献着自己的满腔热忱——她鼓励有条件的村子搞林下养殖；帮助有劳动能力的贫困户搞技能培训；引导因病致贫的贫困户用好医疗保障政策；就是看到哪个贫困户家的院子里有裂缝，她也会记下来，对接相关单位，直到落实资金完成院落硬化……

张小娟在一篇文章中写道："日复一日地上山下乡、进村入户，我们必须掌握最真实的贫困状况，准确分析贫困人口结构、分析脱贫退出的难点短板，我们必须确保扶贫工作靶向精准。""我们引以为傲的，是能够脱口而出的各类扶贫数据，是烂熟于心的各种政策依据，是村村落落全部走遍的记录，是如数家珍的村情户情介绍。"

张小娟熟悉扶贫政策，对各类数据、标准和政策了然于胸，被

同事们称为扶贫"移动数据库"和"活字典"。她还"发明"了漫画图解，让群众能对政策一看便知，迅速知晓自己能够享受到什么扶贫政策。为了提高全县扶贫干部的脱贫攻坚能力，她还设计了"口袋书"和"语音播报"平台……

长年累月地上山下乡，走村访户，张小娟掌握着舟曲乡村最翔实的贫困状况，她废寝忘食地分析贫困人口的年龄、学历、帮扶情况，分析出脱贫领域存在的问题。舟曲县有87个建档立卡贫困村，她把其中的贫困户归类为"因重病而贫困""因教育而贫困""因缺乏产业而贫困"等，一一针对性地为贫困群众制定帮扶政策。

从立节镇驻村干部到曲瓦乡副乡长、曲瓦乡纪委书记，再到舟曲县扶贫办副主任，张小娟在舟曲蜿蜒的山路上奔走了11年，写下了十几本工作笔记。每一个名字、每一件事情都是她的牵挂。

她总说扶贫工作时不我待，将所有精力都奉献给了舟曲的群众。有时同事和亲人劝她注意休息，她总是一笑置之。细心的亲友发现，张小娟的乌发不知何时悄悄爬上了白霜，鬓角、额头也斑斑点点。

藏乡最美的格桑花

在"精准扶贫"政策推动下，每一次走村访户张小娟都发现，舟曲各族群众的生活悄然发生改变，许多青年选择返乡创业，其中不乏大学生。"家乡有希望，就没有人愿意离开"，她曾这样说。是啊，《寂寞城马》对于乡土的思考，将要真正实现。舟曲，环境美了，道路通了，饮用水安全了；村寨有小学、幼儿园了，通网络了，建合作社了；群众在家门口就有工作了……舟曲新城熠熠生辉，白龙江水欢快流淌。

金秋十月，清风送爽。舟曲大地处处洋溢着丰收的喜悦，青稞

酒香伴着果蔬的芬芳飘扬。舟曲县 2019 年贫困退出县级验收工作全面展开。

2019 年 10 月 7 日清晨，张小娟吃完早饭后，便下乡入村进行脱贫验收了。临行前，她同丈夫刘忠明道了个别，却不承想此行竟成永诀。在完成博峪镇与曲告纳镇贫困退出县级验收工作后，张小娟乘车返回。途经陇南市武都区两水镇时，车辆不幸坠入白龙江，张小娟遇难。她明媚却短暂的生命就这样突然画上了句号。她将自己年轻的生命，永远留在了家乡，留在了她深深关切着的乡亲身边。

张小娟遇难后，大家一时间无法接受这残忍的现实。那些在她帮扶下成功脱贫的村民们，早已将她视为最亲近的家人，他们哭着说："脱贫的舟曲发展得这么好，可是小娟再也看不到了……"

翻阅张小娟留下的工作笔记，几乎找不到一句豪言壮语，只有一条条为群众解决实际困难的详细记录；回看她的微信朋友圈，大多是工作相关内容和下乡路上的随手留影；整理她的遗物，柜子里大多是穿旧的冲锋衣和运动鞋；查看她的工作日志，满满记录着一个个普通人的名字和他们的衣食冷暖……

张小娟把时间精力大都奉献给了扶贫事业，她在各村镇之间不停奔走，不得不牺牲陪伴自己孩子的时间。她去世时，女儿7岁，儿子还不满3岁。

她去世的那天，距离舟曲全县"脱贫摘帽"，只剩下最后两个月时间。

张小娟不幸遇难的消息令乡亲们异常悲痛。"她和我们贫困户有感情""好干部始终活在我们心里""她是藏乡最美的女儿"……

一个人感动一座城。张小娟葬礼当天，广大党员群众自发拥上街头，泪别小娟！从河南村前往山坡上的墓地，将近半小时的行程，前来送行的花圈队伍，绵延整条山路。秋风呜咽如泣，整个舟曲，都在为这位心系家乡、视民如亲、把生命和热血奉献给扶贫事业的藏族女干部山河同悲。

格桑花，在藏语中代表幸福，象征着追求幸福、坚韧、顽强和不畏艰苦的品格。张小娟正如人间格桑花，历经风雨仍坚守山崖，守望着贫瘠的土地走向全面小康、实现乡村振兴，留下绝世芳华。

教育扶贫是阻断贫困代际传递的根本举措。国家把"义务教育有保障"作为脱贫攻坚总体目标之一，大力实施教育扶贫，全国20多万名义务教育阶段的贫困家庭辍学学生全部返校就读，99.8%的义务教育学校办学条件达到基本要求。实施义务教育营养改善计划，每年惠及4000余万名学生。实施定向招生计划，重点高校定向招收农村和脱贫地区学生70多万人。建立从学前到研究生各个教育阶段的资助体系，不让一个孩子因为贫困而辍学，努力让每个贫困家庭的孩子都有人生出彩的机会。

大山里的『教育奇迹』
——张桂梅

张桂梅，女，满族，1957年6月，生于黑龙江省牡丹江市，中共党员，云南省丽江华坪女子高级中学党支部书记、校长，党的二十大代表。被中共中央、国务院授予『全国脱贫攻坚楷模』荣誉称号，被中共中央授予『七一勋章』『全国优秀共产党员』称号，被授予『时代楷模』称号等。

她，扎根教育扶贫最前线，在滇西边境山区的华坪县默默耕耘几十年；她，被孩子们真诚依恋，被无数孩子亲切地称作"妈妈"；她，把学生的学业看得比泰山还重。她，历经坎坷，却不忘通过教育改变一方贫困的初心，帮助山区的孩子通过知识改变命运，给贫困家庭子女插上梦想的翅膀。她长期在教育战线上呕心沥血，砥砺前行。她就是丽江华坪女子高级中学的创办者，让2000多名女孩圆梦大学的张桂梅老师。

创办华坪女高

　　在遥远的西南边陲云南省华坪县，金沙江向东湍急流淌。漫步在华坪县狮山路的公路上，绿树掩映于群山交织的谷地，红绿相映的操场铺进视线，丽江华坪女子高级中学的教学楼伫立在山脚，在艳阳下，闪耀着绚丽的光彩。女孩们沐浴在温暖的阳光下，铿锵地宣读着丽江华坪女子高级中学的誓言：

　　"我是女高人，
　　我生来就是高山而非溪流，
　　我欲于群峰之巅俯视平庸的沟壑。

我是女高人，

我生来就是人杰而非草芥，

我站在伟人之肩藐视卑微的懦夫。"

此时，丽江华坪女子高级中学的党支部书记、校长张桂梅老师，正静静地站在操场对面高高的台阶一侧，一身深灰色的衣着，黑边的镜框，坦然地看着这些即将实现梦想的女孩们，内心被她们青春洋溢的豪情触动着。自 2008 年建校以来，华坪女高连续 13 年高考上线率 100%，综合成绩稳居全市第一，创造了边陲大山间的教育奇迹。

回首扎根边疆民族地区教育一线的教学经历，张桂梅不禁感慨万千。张桂梅幼年丧母，18 岁便跟随姐姐支援边疆建设，从东北黑土地到西南边陲。在云南迪庆州中甸县（今香格里拉市）支边期间，她遇到了自己一生的挚爱，并跟随丈夫到大理市喜洲镇任教，度过了简朴而短暂的幸福时光。

天有不测风云，1995 年 2 月，丈夫因病去世，张桂梅走进人生的低谷，同事们纷纷向她伸出温暖的双手，希望把她从低落的情绪中解脱出来。在巨大的悲痛面前，张桂梅主动申请调到了更加偏远、条件艰苦的华坪县任教。身处异乡的张桂梅刚走出人生的阴影，厄运便接踵而至。1997 年 4 月，张桂梅消瘦得很快，脸也特别黑，肚子里像有块石头，坠疼不已，医院诊断腹中有一个像五个月胎儿那么大的肿瘤。这片土地上的人们对张桂梅伸出援手为她募捐，在领导和乡亲们的关心照顾下，张桂梅奇迹般地康复了。

时隔多年，张桂梅依旧能体会到那段岁月里深切的生命之痛。可更难忘的，是这片土地上的父老乡亲对她的深情厚谊。她决定把自己的一生奉献给这个穷苦的地区，用自己的力量撑起边区孩子们对未来的憧憬，"我所做的一切、所得的一切，都不属于我个人，更不属于我的亲属，是这片土地的父老乡亲的，是党和各级组织的"。

张桂梅刚到华坪任教时，发现班级里女生很少，还不断有女生辍学。

她找人打听，有人告诉她："孩子被爸爸妈妈安排出去打工了。"

在华坪这样的贫困山区，家长让女孩辍学务农或外出打工，用以缓解艰难的生活，几乎是所有家庭习以为常的选择，大家并没有感到不妥。

有一次，张桂梅试图劝说一位辍学的女孩返校，女孩妈妈说："读书要花钱，我家真没钱。孩子出去打工赚钱，还能贴补家用。没办法，实在是太穷了。"

贫穷，像一道坚不可破的枷锁，把山区女孩的命运往深渊里拖。可张桂梅不放弃，她要打破这枷锁，她要打破女孩子一代代被"复制"的命运，让每个女孩有学可上，有未来可期盼。

一个想法在张桂梅心中萌发了——让女孩获得公平的受教育权，从根本上打破知识的贫乏在代际间传递的不断循环，让大山的女孩们，插上翅膀，飞出大山，成为下一代女孩的榜样和标杆。

"我为什么不办一所不收费的女子高中，把山里的女孩都找来读书，帮助她们点燃希望之光呢？"挽救一个女孩，拯救三代人。提升女孩们的生存能力和自由选择的机会，改变当地教育的落后现状，从根本上解决当地的贫困问题。

张桂梅奔走于筹集办学经费的途中。几年间，她无数次被人冷漠对待，甚至被误解。经过几年的募捐，仅筹集经费1万元。张桂梅和当地贫困家庭把希望寄托在党的扶贫政策上，翘首以盼地希望女孩们接受公平教育机会的实现。2007年，在一次会议上，衣着朴素的张桂梅被记者注意到，她和大山里的女孩们公平受教育权的诉求被媒体关注，《我有一个梦想》讲述了她想要创办免费女子高中的梦想，张桂梅像一座桥，连接起了山里和山外的世界。张桂梅的故事迅速引起了社会各界的强烈反响，在各级党委、政府和社会各界的努力下，丽江华坪女子高级中学终于建立起来了。

2008年9月1日，100名大山里的女孩走进校园，成为丽江华坪女子高级中学的第一批学生，在来华坪女高之前，这些女孩有的在山里放羊，有的在工地上搬砖，有的是饭都吃不饱的孤儿，如今她们已经在各行各业中挥洒着自己的青春和汗水，融入推动社会发展进步的时代洪流之中。

教育改变命运

"抬头就是山，出门还是山"，是当地人对华坪县贫穷与闭塞的生动表达。2020年以前，全县有贫困乡3个、贫困村27个，2012年识别的贫困人口有17262人，贫困人口占全县总人口的15%。在当今高速发展的信息时代，文化程度低的贫困人口，很难通过就业来增加收入，收入低又导致他们能够得到受教育的机会更少，家庭经济困难的女孩子，尤其如此。

"山里人穷，穷在意识落后，文化落后。他们认为，女孩能挣钱、能嫁人就行。"张桂梅对山区女孩们受教育的现状有着深刻的体会，她发现接受过教育的女孩积极乐观，自信向上，而没有接受教育的孩子则害羞，尤其是穷人家的女孩子，大多性格内向、敏感且自卑，对于她们，看得见的命运就是长大后结婚生子，在山里过一辈子的苦日子。

丽江华坪女子高级中学的女孩们大多来自大山深处，以彝族、傈僳族居多。改变孩子们的命运，意义何其重大！

"能救一个是一个。我是党员，我不能不管这些孩子。"和当年独自抗击病魔不同，这一次，张桂梅将自己的命运和这片土地上孩子的命运拴在了一起，她的梦想不再属于自己一个人，她要让华坪县的女孩子，都有学上。

小蒙是从华坪女高走出来的大学生。张桂梅第一次见到她，小蒙躲在母亲身后不敢出来，简单的问题也不会回答。后来，接受华坪女高教育的小蒙主动担当起学生会委员的职务，积极乐观地帮助身边的同学。小蒙说："那时候我怕说错话，也不知道该说什么。接受教育后我自信很多，我觉得学习和沟通是最快乐的。能在学校演讲比赛中得奖，是张老师拯救了我，是知识塑造了我。"

一次，班上一个彝族女孩突然"失踪"了。虽然她成绩很好，

但父母还是要供哥哥读书，选择让女孩退学。当张桂梅走进女孩家时，被眼前的一切深深刺痛了。一幢孤零零的小泥屋，没有院子，在地上挖个坑就是灶……张桂梅流下了眼泪。她当即向孩子的父母保证："我来资助她，一直到高中毕业。"如今这个孩子已经大学毕业。张桂梅再次来到女孩家时，映入眼帘的是水泥浇筑的房屋、崭新的电视机、砌上了瓷砖的灶台、一应俱全的家具。女孩父亲说："那时带着伤残退伍，干什么都没心思。你供我女儿上学后不久，政府又给我安排了工作。我们发誓好好干。"

拯救一个学生，扶起的是一家人。

张桂梅坚持把"没有思想包袱"作为对待贫困女孩的原则，虽然华坪女高出于教育扶贫的目的，但绝口不提"贫困"。不让孩子们因为"贫困"被贴上标签，成为人们眼中的"另类"。在这里无须考虑社会阶层、家庭背景，唯有努力方值得赞许。在这样的环境中，女孩们无时无刻不展示着向自由而生的精神风貌。华坪女高的女孩们大多想走出大山，去看一看外面的世界，她们也希望自己能够成为像张老师一样的人，更多地帮助他人，更好地服务社会，做一个对社会有用的人。

淳朴厚重的承诺

每一年的高考季人们都会看到张桂梅校长守护在考场外，默默等待女孩们走出考场。今年张桂梅又一次带领华坪女高取得了辉煌的高考成绩，高考结束后她与女孩们道别，祝愿孩子们有一个美好的前程。女孩们由此改变了自己的命运，走进大学。淳朴简单的誓言与灿烂辉煌的成果背后，是张桂梅老师十几年的家访路。作为贫困家庭的孩子，其各自面临的困境和诉求各不相同。如果只是开家长会了解情况，远远不如亲自去家访来得直接。大山深处，村落如分散开的零星，把家长从山里折腾到学校也会影响他们正常的生活安排。通过家访，能够实际了解学生的家庭情况，不影响家长的生产生活，同时也给家长节约了路费、生活费。二月的寒风阴冷刺骨，张桂梅在漫漫家访路上跋涉颠簸，冷风无情地钻进破旧的棉衣里，给筋骨带来阵阵如刀割般的疼痛；夏季的华坪，峰峦相连，沟壑纵横，山路陡峭，遇上阴雨连绵，山路泥泞湿滑，张桂梅艰难跋涉在家访路上。

学生杨欣学习成绩下降，一度对学习失去信心，准备退学。张桂梅坐车十个小时，翻越了几座大山来到杨欣的家。在这个傈僳族村落里，杨欣是村里唯一的高中生，而杨欣的家却是木头搭建的窝棚。张桂梅连一口水都没有喝，就开始忙着开导准备弃学的杨欣。离开时，杨欣的爷爷紧紧拉着张桂梅的手，久久不愿放开。

"我孙女读高中了，我可以放心地走了。"

张桂梅向老人承诺："我一定让您的孙女成为村里的第一个大学生！"每当想到对老人的承诺，张桂梅就不再觉得阴雨连绵的山路陡峭湿滑，布满乌云的天空似乎迎来了阳光。

时光荏苒，杨欣真的读了大学。在她离开村寨那天，全村三百多人站满了山坡，为村寨的第一个大学生送行。再后来，受杨欣的影响，村里又走出去几个大学生。随着精准扶贫的推进，人们受教育程度不断提高，村庄也变得富裕起来。教育，不仅是一个家庭的希望，更推进了整个村寨的脱贫致富。

艰难的山路还不是最大的考验，家长的阻挠与不理解才是横亘在张桂梅心中的大山。2015年元宵节前，张桂梅对学生张莹进行家访。张莹父母离异，她和弟弟跟随父亲生活。张桂梅走进家里就发现张莹正在搓洗一大堆衣物。当张老师疼爱关切地问"有没有复习功课"时，张莹低声地说"家务太多，没有时间看书"。张莹的手被冻得起了冻疮。张桂梅捧起张莹的手，泪水夺眶而出。而张莹的父亲则认为：女孩本来就不应该上学读书，早晚也得嫁人，成为"别人家的人"，女孩的天然使命就是为家庭付出，早早出去打工，挣钱

供弟弟读书。面对重男轻女的女孩父亲，张桂梅反复耐心做工作。她全力创造条件，让张莹回归学校。如今的张莹已经大学毕业，在省会昆明工作。

二十年来，张桂梅的足迹遍布华坪所有的山村和丽江市其他县区的贫困山区，张桂梅年年登门，只为不让一个女孩因贫困失学。沟壑纵横，山路曲折，群山不语，沉甸甸的荞麦匍匐大地，仿佛默默诉说着对张桂梅的敬意与深情。

教育点燃了大山里的希望

建校 15 年，张桂梅深入大山深处，帮助 2000 多名女孩走进大学。

张桂梅说："当听到孩子们大学毕业后能为社会做贡献时，我觉得值了。她们过得比我好，比我幸福就够了，这是对我最大的安慰。"

2019 年国庆假期，张桂梅带领学校老师和志愿者为了解当地的教育扶贫状况，来到永兴乡坝山村一个贫困户家中。张桂梅问孩子的高考目标，孩子说"想读西南政法大学"，后来又腼腆地说："长大后想成为一名帮助别人走出困境的人。像张老师一样，做一名光荣的人民教师，帮助更多的人走出贫困"。"孩子，努力吧，只要你有成就，你干什么我都高兴！你的心愿一定会得到社会的尊重。"张桂梅这样鼓励她。

越来越多的女孩子走进华坪女高，又从这里，走向更广阔的人生。

2012 年从华坪女高毕业的陈晓考进了云南警官学院，毕业后她顺利成为一名人民警察。领到第一个月工资后，她把钱全部捐给了华坪女高，用以支持学妹的学习。

周馨萍是华坪女高的首届毕业生，2015 年从云南师范大学毕业后，本来已经考取了教师岗编制，听说女高缺数学老师后，毅然去了女高成了一名代课老师。

十几年间，华坪女高的毕业生遍布全国，在各行各业挥洒青春，也有很多学生毕业后主动选择了艰苦偏远的地方工作。

从建校之初唯一的教学楼，到目前伫立的功能齐备、设施齐全的现代化学校；由最初招收的 100 名大山里的女孩儿，到现在拥有教职工 50 人，在校生 483 人。位于云南边陲的华坪女高从无到有，从弱到强，见证了党领导人民摆脱贫困，实现全面小康的宏伟历程。

教育扶贫的目的在于提升人口素质，孩子是民族的未来，让她们享受平等的受教育权，是实施精准扶贫的重要措施。张桂梅带领的华坪女高正昂首走进新时代，在全体师生的努力下，伴随着祖国的繁荣昌盛，信心满怀地走向未来！

张桂梅前半段的人生平凡无奇，甚至可以说是坎坷不幸。她的后半段生命与大山深处的贫困女孩教育联系起来，几十年如一日的坚守使得她的人生绚丽多彩，如诗如歌、如锦如画。如今，66 岁的张桂梅依然坚守在边疆民族地区教育一线，用大爱和智慧点亮女孩们的人生，这份对贫困地区教育割舍不下的牵挂和无私奉献，无疑是新时代最美的风景、最催人奋进的精神！张桂梅是一曲高亢嘹亮的凯歌，是千千万万跳动的音符中最为强劲的节拍，与脱贫攻坚的伟大历程组成了震撼山岳的新时代最强音，凝聚了对贫困作战的中国智慧，更向世人展现了解决贫困的中国方案。

从创造大山教育奇迹的张桂梅，到"一生只为一事来"的支月英，从用一根扁担挑起山乡希望的张玉滚，到多年在悬崖天梯上接送学生的李桂林、陆建芬夫妇……正是千千万万个一线乡村教师，用无私奉献和坚韧不屈托起了大山孩子的前进道路，给一个个贫困家庭点燃希望，更为打赢脱贫攻坚战贡献了力量。

2020 年，"感动中国"颁奖典礼上，张桂梅说："教师是伟大的职业，他们用知识和智慧点亮了孩子们心中的灯塔。"张桂梅以"红梅傲雪，大爱无疆"的精神为大山女孩创造了希望之光，为决胜脱贫攻坚贡献巾帼力量。

集中力量办大事是社会主义制度的政治优势。脱贫攻坚战期间，我们广泛动员全党全国各族人民和社会各方面力量共同向贫困宣战，形成脱贫攻坚的共同意志、共同行动。国家实施东西部协作和定点帮扶，东部 9 个省份结对帮扶中西部 14 个省份，东部 343 个经济较发达县与中西部 573 个县开展"携手奔小康"行动，通过投入资金项目、选派科技人才、提供就业岗位等方式支持脱贫地区发展。

奔跑的『幸福草』
——林占熺

林占熺，男，汉族，1943年12月生，福建省连城县人，中共党员，联合国菌草技术项目首席技术顾问，国家菌草工程技术研究中心首席科学家。被中共中央、国务院授予『全国脱贫攻坚先进个人』称号，被中共中央授予『全国优秀共产党员』称号，被评为『全国东西扶贫协作先进个人』『感动中国2022年度人物』等。

"移民扶贫情意浓，闽宁合作暖人心，双孢蘑菇致富快，多亏福建扶贫队。"这首宁夏老百姓自发改编的山歌，今天仍在久久传唱。山歌里所唱的种蘑菇扶贫专家，就是林占熺。

远在 6000 多公里外的巴布亚新几内亚（以下简称巴新），成百上千的当地居民，一听林老师来了，经常用盛大的仪式，载歌载舞地欢迎他，比自己亲人回来都高兴。

千千万万的老百姓念着、唱着林占熺的奉献，感激他、歌颂他。

扎根农业，让更多人认识菌草

林占熺出生于闽西贫困山村，那时大家常常食不果腹，衣不挡寒，挣扎在贫苦边缘。从小吃了很多苦的他对山区农民的贫困有着深切的体会，从事农业，扎根农业，是林占熺从泥土里"长出来"的初心。

报考大学时，林占熺说，我是农民的孩子，非常愿意干农业，所以坚定地选择了农业院校。1968 年，林占熺从福建农学院毕业，被分配到三明真菌研究所工作，研究食用菌的栽培和生产。

20 世纪 70 年代，福建推广椴木栽培香菇，希望为当地打开致富的大门。然而人们还没来得及靠种菇致富，就因大量砍伐树木导致作栽培食用菌的基料陷入资源耗竭、继而产生土壤严重沙化的危机，"菌林矛盾"日益突出。

1983年，林占熺随福建省科技扶贫团来到长汀县考察，亲眼见证了很多地区山秃水浊、田瘦人穷、一派凄凉。用牺牲生态的代价来发展经济，不是贫困地区应该走的路。他忧心忡忡，苦思冥想，能不能用草来取代树木栽培菌类？

在全球都没有先例，以草育菌的困难难以想象。没有实验场所，没有研发单位立项，研发资金与设备也没有着落，研发时间更是没办法保证。

林占熺说干就干，没有条件硬着头皮也要创造条件。"没有退路，我砸锅卖铁，押上一辈子总能成功！"林占熺说。

此后的3年，林占熺为开展菌草实验前后奔走。工资才46块钱的林占熺，七拼八凑，捡拾旧庙废弃的瓦片和百姓拆迁后的废料，还以私人名义向校工程队借钱，在福建农学院搭建起一间简陋的实验室。他用野草芒萁粉碎作为培养基，把家里的自行车拆了，将钢线敲成接种针，从别的实验室借来20支玻璃试管……在一穷二白的条件下，林占熺每天起早贪黑扎在实验室，光是不同基料和菌种的比例，他就做了上百个瓶子。

1000多个日日夜夜过去了，一朵用芒萁培育的香菇在实验瓶里破土绽放。那是1986年10月的一天，妻子带着两个女儿像往常一

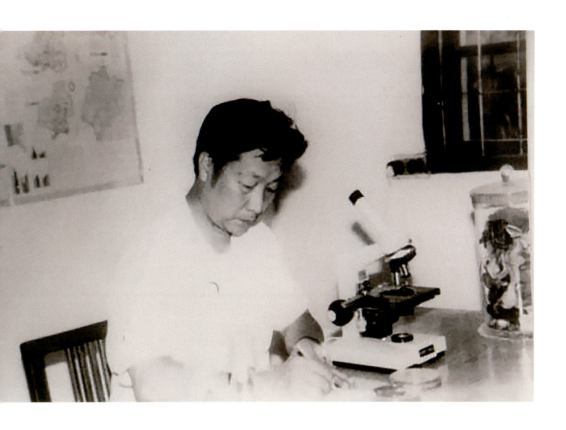

样来实验室给丈夫送饭，刚刚推开门就被林占熺一把拉过去，"你们看，出菇了！"两个女儿新奇地围着实验瓶，"没错，长出了香菇！"孩子们惊呼着。细心的妻子不语，她看到平日里性格沉稳的丈夫此刻竟然在偷偷地擦眼泪，这个在实验室里一蹲就是三年的男人，盯着自己用"菌草"种出的第一朵香菇，激动得说不出话来。

"以草代木"栽培食用菌、药用菌的研究取得了重大突破，攻克了"菌林矛盾"这一世界难题。菌草技术作为一门全新学科就此诞生。从此，林占熺走上了一条以菌草技术为核心的扶贫之路。

让世界知道，菌草是中国的骄傲

菌草技术成功研发，林占熺并不想利用新技术发财，而是立志走一条能让老百姓脱贫致富的菌业可持续发展新路，让世界知道中国菌草带来的巨大能量。

为让菌草技术尽快走出实验室，走进田间地头，林占熺开始在贫困农村地区推广菌草技术，哪里穷他就往哪里跑。偏远山区条件简陋，林占熺晚上就睡在肥料仓库，肥料味道臭气熏天，虫子往身上爬，他就用毛衣把脖子裹起来。

一次，林占熺在去尤溪县推广菌草的路上出了车祸，搭乘的客车翻下十几米深的山沟。林占熺以为自己会死，命悬一线时他就想："我现在就要死了吗？那和菌草就告别了，太早了，我还要做很多事。"

这次车祸使他的左肋骨断了两根，而此时正是出菇管理的关键季节。在医院住到第四天，身上的绷带还没拆掉，他就不顾医生劝阻，执意出院："我与农户有约，不能失信于他们。"

菌草技术推广实验大获成功，迅速得到国际社会关注。1992 年，林占熺带着菌草技术参加日内瓦国际发明展，荣获展会金奖。有人担心翻译为"Juncao"，外国人不明白其为何物，建议采用英文译法。林占熺坚持把汉语拼音"Juncao"作为译名。他说，要让世界知道，菌草是中国人的发明，是中国的骄傲。两年后，在第85届国际发明展颁奖会上，林占熺再次捧起奖杯，他说，我是一名来自中国福建的发明家，很荣幸我的菌草技术得到认可，我希望这项中国发明能够被运用到更多的国家和地区。

菌草打破了很多人对草的印象，它之所以神奇，就在于植株十分高大，最高能长到 9 米，在我国南方和大多数热带、亚热带地区种植，多年生，亩产最高的可达 30 吨。

菌草技术成功了，林占熺比谁都高兴。

回国后，很多美国富商慕名而来，有农场主开出了他和夫人在国内工资总和 1000 多倍的高薪，林占熺平静地告诉对方："去美国只能富我一家，我不能为了小家不顾大家的利益。我留在中国，可以让千千万万贫困农民富起来。菌草技术是中国人研发的技术，它必须留在中国。"

菌草成了脱贫致富的幸福草

1996 年，东西部扶贫协作正式开启。时任福建省委副书记的习近平同志担任福建省对口帮扶领导小组组长，负责闽宁协作的主要工作。他提出要建设一个具有样板意义的扶贫示范村，亲自给这个村起名"闽宁村"。在习近平同志的领导和推动下，林占熺作为一名科技工作者接下了扶贫小组的任务，山海情的故事便从这里开始。

54 岁的林占熺和学生背着六箱草种出发了。铮铮誓言，山海为证，跨越 3000 公里之遥，林占熺和团队在被称为"苦瘠甲天下"的西海固扎下了根。

当时的闽宁村是一个在荒漠建起的生态移民村，"天上没飞鸟，风吹石头跑"，茫茫戈壁，连绵沙丘，大风刮起时人们常常一张嘴巴就有半口沙子，在极端恶劣的环境下，土地上的产出极为艰难，人们的生活极度艰苦。

林占熺心里明白，当地群众有的连菇都没有见过，怎么能一下子学会种菇，还是用"菌草"种？他要在当地先把菌草种出来，让大家都能看到实际效果。

在此之前，因为气温高于预期，他承诺乡亲们十月份要长出的香菇，并没有如期长出来，他面临着巨大的压力。数万块钱投下去的菇长不出来，没法跟自己交代，更没法跟乡亲们解释。

"我没那么娇贵，就是一根草嘛。"这是林占熺的口头禅。

娇嫩的食用菌从大东南来到大西北，完全水土不服。大沙尘暴一来，蘑菇马上就成批地死掉。为此林占熺和团队成员就住在蘑菇房里，一天二十四小时不间断地监测菇房的温度变化，摸索种植蘑菇的规律。蘑菇房里又闷又臭，还时常进沙子，所有窗户用橡皮胶泥也封不严实，林占熺经常流鼻血，每年四月腿脚开始发痒，拼命抓，拼命出血，认识林占熺的闽宁村老乡都说，"他比农民还能吃苦"。最难的事情最能解放思想，让人看到无限的可能性，从看似不可能的缝隙里找到解决问题的办法，这股劲头在林占熺身上体现得淋漓尽致。

终于，扶贫队的菇房里，新鲜肥美的蘑菇长出来了，盼着致富的当地农户纷纷跟进种植。林占熺为了让当地农民尽快上手，把操作流程做到最简化，最容易理解，让老乡们一看就懂，一学就会，一做就能成功。林占熺还与菇民们签订了"包种包销包技术指导"协议，"赚了归你，亏了我赔"，林占熺带着蘑菇样品，天南海北地跑市场。戈壁滩上的蘑菇被运往全国各地，高峰时期，银川至上海飞机的货舱内，全部被戈壁滩上的蘑菇装满。

寸草不生的干沙滩，变成了寸土寸金的金沙滩。第一批菇民成功收菇，大大树立了村民们建棚种菇的信心，越来越多的村民加入种菇的队伍中来。到 2007 年，菌草技术已推广到宁夏 15 个县市的1.75 万农户，户均年增收 5000 元以上，出现了年收入 5 万元、10 万元的专业大户，一大批农户通过发展菌草生产告别贫困，菌草业也成为闽宁扶贫协作的一个重要产业。

完成闽宁村菌菇发展的任务后，林占熺计划悄悄离开，当他拉开屋门，门外早已站满了拎着自家土特产、依依不舍成群送行的村民……

菌草，菌草，闽宁草，幸福草。

林占熺是种草人，更是种花人，给这片贫瘠的土地留下了科技扶贫的希望。在他看来，不是菌草实现了扶贫，是因为扶贫才有了

菌草。

直到今天，林占熺还会经常去宁夏，他和乡亲们说，我快 80 岁了，只要宁夏的乡亲们需要，只要我还能跑得动，我 90 岁还会去协助你们。

"这么多年来，是什么力量支撑着您放弃安定的生活，天南地北到处考察，为贫困群众风里来雨里去？"有人曾这样问林占熺。

"因为有太多事情要做。我出生于农村，对农民有深厚的感情。

我愿意做一棵普普通通的菌草，造福贫困地区的父老乡亲，为贫困地区增添绿意。"

菌草筑起绿色生态保护屏障

菌草除了能扶贫致富，还能够起到生态保护作用。

长期以来，林占熺活跃在菌草研发和推广的一线，在田里、在地里、在山上、在沙漠里摸爬滚打。他深知，小小的菌草是株"幸福草"，"幸福"能播撒得多远，在于他和他的团队能走多远。

从 1989 年开始，林占熺就将生态治理和科技扶贫结合起来，率领团队在不同类型的生态脆弱区，开展菌草生态治理和扶贫开发，沙漠荒滩、黄土高坡、青藏高原，都留下了他的身影。

内蒙古自治区阿拉善左旗，黄河水冲击河岸，沙漠之下便是暗流。当年骆驼队走到此处，常常陷入黄沙，因此得名"阎王鼻子"。林占熺一直试图扭住"阎王鼻子"，以钢铁般的意志向黄河生态治理发起挑战。

"人的一生有许多梦想，经过岁月的冲洗，有些梦想变成现实了，又编织新的梦想。如果我们的梦想能与祖国伟大的事业结合在一起，就能形成汹涌的波涛，找到无悔的选择。"林占熺说。

与黄河、与沙漠的决斗，是他这辈子最难啃的硬骨头之一。越是艰难，他越有动力，根本停不下来。林占熺对沙漠菌草的痴迷，正是源于他的菌草梦、生态梦。

从 2013 年开始，林占熺带领团队来到内蒙古阿拉善盟的乌兰布和沙漠，开展种植菌草固沙防沙的研究示范。第一年，风沙把种下去的菌草叶子都打烂了，狂风呼啸中，队员们哭着想要放弃，"我们是有进无退的过河卒子，绝不能缴械投降！"第二年，洪水把河沿冲塌，把菌草都冲没了，林占熺依旧不认输。他们持续研究风沙规律，分析沙土构成，调整种植布局，变换育苗方式……用了十年时间，先后引进 20 个不同品种的菌草，历经无数次"死而复生"，菌草终于牢牢扎根于沙地上，让贫瘠的沙漠"长"出了绿洲。

"外公，什么时候能陪我玩？"林占熺的外孙女 5 岁的时候问他。

"等黄河治好了。"

"黄河什么时候能治好？"

"黄河很大很长，没那么快。"林占熺如实回答。

……

"她已经小学毕业，也懂事了，我要陪她到'阎王鼻子'那边，让她感受一下，我和她爸爸带领的团队，这10多年来在黄河治理方面做了什么事情。"林占熺说道。

有一天，小姑娘向妈妈林春梅打听外公一天的工资是多少钱，她想自掏腰包"买"下外公一天的时间来陪她。

直到现在，林占熺每天都很忙，小姑娘的愿望仍未实现。谈起这件事，林占熺满脸笑意又带着为难。

如今，菌草已经在黄河沿岸9个省区种植，在黄河两岸构建起一条绿色生态屏障。防风固沙，治理土地沙漠化，改良土壤……绿浪起伏的菌草，给了人们无限的希望。

"今天河水冲刷的情况怎么样""草有没有被冲到河里面去"，林占熺每天都会给"阎王鼻子"那边打电话。在外地搞科研的学生们，也常常给林占熺打来电话报喜。

林占熺说，他最喜欢听到的，就是学生们有了新突破。对于他和团队，不断探索新的课题，提出新的命题，就是生命之所在。

"我所做的还远远不够，构筑黄河千里生态屏障任重而道远，我们要把论文写在祖国大地上，写在农民饭碗里。"林占熺说。

带"幸福草"造福世界

小小一株草，情接万里长。

从福建到宁夏、内蒙古、新疆、西藏，从中国到巴新、卢旺达、斐济、南非，30多年，菌草顽强地生长着。林占熺带菌草走出国门，谱写另一份不以山海为远的"山海情"。

1997年，巴新东高省省长来到福建，邀请林占熺到他们那里推广菌草技术。对林占熺来说，巴新是一个非常陌生的地方，更令他没想到的是，在现代社会，当地的示范基地还属于刀耕火种的部落经济，不少人仍过着"吃饭一棵树，穿衣一块布"的日子。客观条件也不容乐观，气候炎热，疫病流行，没有自来水，没有电，地处遥远的南太平洋岛屿上，同去的同志对于项目的可行性并没有把握。林占熺毅然决然接了项目。

在异常艰苦条件下，他们一干就是整整8年。白天顶着骄阳一个村接一个村地推广菌草技术，晚上没有电就在煤油灯下工作。为了节省经费，他们自己做饭，每隔两周去一趟60公里外的省城买一次食品；因为没有冰箱，只能隔上一两天就把肉煮一煮。当地一些村民不仅没有灶具，甚至没有一日三餐的生活习惯，林占熺团队就把自己的灶具送给他们。

由于长期超负荷工作，林占熺在工作途中心脏病复发，心脏停搏了十几秒，几度昏迷。驻地附近没有正规医院，一时找不到医生，他觉得"伸手就能摸到墓门砖了"，睁开眼后交代的第一件事还是菌草。有惊无险捡回一命后，林占熺把每一天都当成生命的倒计时，只争朝夕。

他们在东高省成功建立了南太平洋地区第一个菌草示范培训基地。为了庆祝示范成功，巴新政府筹办了最隆重的仪式，许多人翻山越岭走了三天三夜赶来，喜获丰收的村民捧着各种菌菇载歌载舞，欢天喜地呼喊："中国，菌草！中国，菌草！"

此后，菌草生产从示范基地扩展到巴新的3省10区，大大改善了当地农户的生活。他们形容林占熺是巴新国鸟——象征幸福与吉祥的"极乐鸟"。为记住来自中国的帮助，巴新原警察部部长甚至给女儿就取名叫"菌草"。

从2005年起，林占熺团队又到南非等非洲国家开展菌草技术基地建设与产业扶贫，创建了"基地＋旗舰店＋农户"的模式，短短几年时间，在南非夸那尔省建起了32个菌草旗舰店。连阿拉伯数字都没有学过的单亲妈妈，因为掌握了菌草技术，从此摆脱了贫困，还给下一代带来了好生活。

带菌草援外工作中，林占熺曾三次遭遇"鬼门关"，都没有退缩过。一次持枪抢劫事件，让林占熺第一次犹豫了。

2007年9月在莱索托，一天黄昏，林占熺和同事从70公里外山区的一个示范点返回首都。到一个山口时被一辆汽车拦住，车上跳下三个持枪劫匪，拿枪顶着林占熺的头，把他们劫持到几十公里外的荒山野岭。

"我们是中国专家，是来帮你们脱贫的。"林占熺告诉对方。但劫匪哪知什么脱贫，把他们的相机、手机、钱包洗劫一空，车钥匙也被扔在山里。凭着微弱的月光，他们找了好久才找到。幸好藏在汽车座位下的手机没被劫走，他们紧急联络了当地官员才脱险。

"以前我没动摇过，那次是动摇了。"林占熺事后提及此事。"当时我已逾花甲之年，可我的同事们还年轻，不能让他们牺牲了。我们讨论要不要撤。"

"我们普通人为国家做点事情不容易，继续！"整个团队没有一个成员说要撤，大家都很坚定地留下来了。此后，他们为小农户创造了"10平方米菇场"模式，仅用10平方米土地就可年产1.2吨鲜菇，让失地农民、城市贫民也有机会参与生产，一年的收入相当于当地国营企业员工的工资。

到2022年，菌草技术项目被推广至全球106个国家和地区，并被联合国列为"和平发展基金"重点项目向全球推广。

一株小小的菌草，凝聚的是不分国籍、不分地域的所有人，以及对脱贫致富的美好愿望，成为拓展中国和平外交的"植物大使"，中国扶贫和生态保护经验也因此多了一份"国际范儿"。斐济常驻联合国代表团临时代办达乌尼瓦鲁说，这是一个给全世界的礼物，是落实《2030年可持续发展议程》中，用成熟技术带来实际成效的例子。

30年前，林占熺给自己定下这样的使命：发展菌草业，造福全人类。这是他的中国梦，也是他的菌草梦。如今，他的梦想照进现实，在祖国大地、在世界多个国家和地区熠熠生辉。

一路走来，家人一直给予林占熺无条件的支持。大女儿林冬梅放弃在新加坡的工作，回国加入父亲的团队，成为父亲的左膀右臂；

小女婿从待遇优厚的高新科技公司辞职，到黄河旁的沙地种草，一种就是 10 余年；弟弟林占森是菌草技术团队的援外先头兵，二十几年如一日坚守在发展中国家；林占熺的外孙女则表示，长大后要加入菌草研究团队，与外公一起工作。种植菌草，造福人类，已经成为一家三代人的共同理想。

菌草之于林占熺，如呼吸之于生命，他的人生字典里只有菌草，永远都是菌草。无惧任何艰难险阻，林占熺一路与时间赛跑，从茫茫戈壁到雪域高原，从老区深山到世界各地，从风华正茂到桑榆暮年。日复一日，年复一年，林占熺的背弯了，走路的步子也慢了，但他依旧是向涛头而立的弄潮儿，不屈不挠地继续乘风破浪，好像永远不知疲惫。如今，年近八旬的林占熺依然奋战在科研一线，像一株行走的菌草，耕植希望，书写传奇。

拳拳寸草心，浓浓报国情。作为一名科技工作者，林占熺坚持把论文写进千千万万农民的钱袋里，开辟了一个领域、一个产业、一个学科，为精准扶贫、乡村振兴、生态治理、对外援助做出突出贡献。他的菌草之路为我们树立了榜样，他的菌草人生写满了"奉献"二字。

这片热土上，还有很多像林占熺一样的科技工作者，他们不分时节，不计年岁，无论偏远，无论贫瘠，用青春和热血滋养了一片又一片土地，创造着一个又一个奇迹。

驻村第一书记和工作队是打赢脱贫攻坚战的一支重要力量。2012～2020年，各地根据贫困村的不同致贫原因、不同需求选派干部，把精锐力量投向脱贫攻坚主战场。全国累计选派25.5万个驻村工作队、300多万名第一书记和驻村干部。广大驻村干部怀着对贫困群众的深厚感情，从机关走进乡村，与群众同吃同住同劳动。他们爬过最高的山，走过最险的路，去过最偏远的村寨，住过最穷的人家，把党的温暖送到千家万户，为打赢脱贫攻坚战作出重要贡献，自身也得到了锻炼成长。

青春铺就扶贫路
——黄文秀

黄文秀（1989年4月～2019年6月），女，壮族，广西壮族自治区百色市人，中共党员，毕业于北京师范大学。生前系广西壮族自治区百色市委宣传部副科长、派驻乐业县新化镇百坭村第一书记。被中共中央、国务院追授『全国脱贫攻坚楷模』荣誉称号，被中共中央追授『七一勋章』『全国优秀共产党员』等称号。

六月的百色阴云密布，暴雨已造成大石山区多处山体滑坡、塌方，百色的许多地方发生了洪涝。2019年6月14日，黄文秀所在的百坭村被暴雨冲毁水利设施。她忙着指挥抢险救灾、慰问群众。在百坭村一名村干部的相机里，黄文秀双手支撑泥土，身体倾斜艰难地向河沟探视，身上红色马褂的后背醒目地印着"第一书记黄文秀"的字样。天有不测风云，谁也没有想到，三天后山洪会吞噬这位年轻的姑娘。

她的离去激起了人们持久的怀念，百坭村群众不会忘记她深入基层、走贫访困，带领全村走向富裕的事迹。时间忠实记录了一个鲜活的生命，她曾短暂而又永恒地出现在这个没有硝烟的战场。她的生命已经与大山同在，她的名字也永远镌刻在脱贫攻坚战的丰碑上，鼓舞着人们迈向乡村振兴新的辉煌！

把青春奉献给家乡

田阳县美景宜人，但地理位置偏僻、贫穷，石头山重重叠叠，云雾缭绕。1989年，黄文秀出生在距离县城很远的巴别乡德爱村多柳屯。生长在这个地方，贫困不可避免地追随着黄文秀一家。在当地政府的帮助下，父亲黄忠杰带领全家告别世代居住的大山，搬到田阳县郊生活。在这里，黄忠杰和家人们一起勤恳劳作，他们相信，勤劳就能致富。

良好的家风是一本无言的书，滋养了小文秀乐观、善良、豁达、独立自强的性格。作为贫困家庭的孩子，小文秀在政府的支持下完成了学业，读完了大学，后来顺利考取了北京师范大学研究生。

2015年，习近平总书记为百色指明了"同全国一起实现全面小康"的宏伟目标；同年，"打赢脱贫攻坚战"的总号角吹响了。在骄阳似火的六月，黄文秀研究生毕业，她放弃高薪工作，毅然选择到广西的基层工作，成为百色市委宣传部的干部。许多人走出大山，都选择了不再回去，而黄文秀却是逆流回溯的鱼儿，重新回到大山、回到家乡。她曾说："是家乡养育了我，我要回报家乡；祖国培养了我，我要到祖国最需要的地方去。"

2017年盛夏，黄文秀回到了生她养她的土地，在田阳县那满镇挂职任党委副书记。2018年3月，为了更加深入脱贫攻坚一线，黄文秀主动申请到深度贫困的百色市乐业县新化镇百坭村担任第一书记。

战地黄花分外香。黄文秀，这朵脱贫攻坚一线上的花朵，怀着对家乡的无限眷恋，在祖国最需要的地方践行着她人生最朴实、最坚定的信念。

只有扎根泥土，才能了解人民

　　百坭村 472 户居民就有 195 户贫困户，11 个自然村零星分散，其中好几个自然村距离村部都在 10 公里以上，自然村之间泥土路弯弯曲曲，陡峭蜿蜒，不要说汽车，赶上下雨天连摩托车都通行困难。

　　被困在大山中的百坭村贫困问题由来已久。石山林立、此起彼伏。远眺群山连绵，近看高山障目，俯瞰山路崎岖。因水土流失造成的地表基岩裸露，被地理学界称为"石漠化"地区。这种地貌即便是雨水充沛时节，落地的雨水也会迅速渗入土壤，大山的居民常年背着背篓在山间辛苦地劳作，为了多一分收成，只能广种薄收，默默耕耘。世世代代，艰辛与贫苦始终如一。

"既然是驻村书记，就要住在村里。"黄文秀来到百坭村那天，一个鼓鼓囊囊的大帆布袋子装满了自己所有的家当。黄文秀把行李放在了百坭村村部那间七八平米的房间，"家"和办公室就自然而然地"合"在了一起。一张破旧的书桌、一张窄窄的木板床，还有她带来的那把安静的吉他，这间屋子里装满了黄文秀的全部。

黄文秀的到来成了百坭村的"新闻"。一个城里姑娘硬是来这穷乡僻壤做第一书记，做扶贫队长，不仅村里的阿公阿婆不信，连村支书周昌战都不相信。百坭村的穷和苦，可是远近闻名的，她能过这样的苦日子吗？能待多久？

山路崎岖，即使没有巨石的阻挡，也可能有晨雾的缭绕。黄文秀对扶贫工作的热情犹如熊熊烈火，而乡亲们的回应却像三九寒冰。她没有被当地的穷、苦吓退，却被村民们泼了冷水。

"一个女娃娃，真的能带领我们脱贫致富吗？"

"说不定也就是一时脑热，来转一圈就走了……"

黄文秀走访贫困户，入户敲门时常吃"闭门羹"。有时，进了家门，打开了笔记本，群众也不愿意多说。为此，"娃娃书记"急得躲进小屋哭鼻子，整夜睡不着。

为了尽快打开工作局面，加快百坭村脱贫攻坚步伐，她找老支书请教"妙计"。老支书告诉她："百坭是乡村，是熟人社会，大家对你不了解，又怎么愿意给你讲太多？更别提相信你能带大家脱贫致富……"得到答案的文秀，立即转变了工作方法。为了接近村民，她换上草帽，穿上运动鞋，把工作手册放进双肩包，变成了地地道道的村里人，朴素得完全像一个本地丫头。不仅外形"以假乱真"，黄文秀还拿出了在学校里学英语的劲头练习桂柳话（当地方言），开始用桂柳话与群众交流，一口地道的当地土话让村民们早就忘了她是个外来的大学生。走访贫困户，黄文秀不再拿着本子问东问西，而是进门就找活干，帮助村民扫院子、剥玉米、收拾菜园子……这个姑娘的勤快确实讨人喜欢！遇到不让进门的群众，她就多跑几次，一次不行就两次。遇到受访户不在家，她干脆就找到田里，一边帮忙干活一边聊。黄文秀作为外来人，与村民打成一片，一起拉家常，一起聊扶贫，慢慢地融入他们的生活。

黄文秀将全部精力倾注到百坭村的脱贫攻坚之中，常常放弃周末休假，把时间都用在走访全村贫困户上，百坭村的每一户贫困户，她都一一走访，并绘制了"民情地图"，这张图记载了村里所有贫困户的详细情况。

黄文秀用实际行动诠释了共产党人的立场，把人民时时放在心中。经过一年努力，黄文秀啃下了百坭村脱贫攻坚的"硬骨头"，带领群众开发了适合本地发展的特色产业，探索了砂糖橘、杉木、油茶等产业，百坭村88户418人实现了脱贫。群众逐渐接纳了黄

文秀，把她视为自己的亲人，带领群众脱贫致富的"队长"，人们发自内心敬重她、喜欢她。"娃娃书记"被人们亲切地称为"文秀书记"。

不获全胜，绝不收兵

2019 年 3 月 26 日，她在朋友圈写道："我心中的长征，驻村一周年愉快。"在这条长征路上，黄文秀不畏艰难险阻，一年时间，她跑项目、找资金、请专家，因地制宜发展百坭特色产业，建立电商平台增加特色产品销路。在这场新时代的长征中，黄文秀和村里的同事们坚持"核心是精准、关键在落实、确保可持续"的原则，让群众在脱贫致富的道路上看到了希望，赢得了民心，让"精准扶贫"化为看得见、摸得着的具体措施，百坭村悄然发生着巨大改变。

正如黄文秀所说，初到第一书记的岗位，同事们讨论最多的是当地贫穷的现状，她深知脱贫攻坚不仅在于让群众富起来，更要让群众在精神上富足起来。贫困户周定帮因不符合低保条件，未能申请到低保，情绪很大，时不时要到村部闹上一闹。了解到周定帮确实生活存在一些困难，但的确不符合申请条件后，黄文秀多次登门，宣传扶贫政策，讲明扶贫不能靠等靠要，要靠自己的双手摆脱贫困，而且低保仅仅能保障基本的生活，不足以从根本上摆脱贫困。通过讲政策、摆道理，周定帮心里的疙瘩解开了。随即，黄文秀帮助周定帮申请到 7000 元产业奖补资金，开始了他种植砂糖橘的新生活。2018 年，周定帮终于实现了脱贫，彻底走出了贫困户的行列。周定帮见人就说黄文秀是自己的亲妹妹，"这个妹妹让我这个当哥哥的堂堂正正赚到钱了！"

黄文秀坚持"精准扶贫"，通过走访百坭村，她发现有几户是因病、因残致贫。百果屯的班远志，除了患病，还要承担孩子的教育费用。黄文秀带领同事宣传小额信贷政策，并注重宣传小额信贷的条件、程序和目的，协助因病致贫、因残致贫的贫困户脱贫。乐业县脱贫推进会要求进一步落实"两不愁、三保障"，她按照要求对危房和住房不达标贫困户进行统计。走访中有两户危房贫困户抵触搬迁，她和同事们一起向村民讲政策、晓利弊，最终两户贫困户作出易地搬迁申请，并被纳入 2019 年易地搬迁帮扶计划，村内危房改造顺利推进。

孩子是民族的未来。让百坭的孩子有书读、读好书，是黄文秀的心愿。她和其他扶贫干部商量为孩子们做点事，收集孩子们的愿望：一本词典、一个新书包、一双新鞋……黄文秀准备了给孩子们的礼物，装满了一箱的愿望与惊喜。黄文秀想给百坭的孩子们建一个现代化的幼儿园，让孩子们在里面快乐成长。在教育帮扶方面，黄文秀有着切身体会。村民黄师栋的家庭因学致贫，大儿子在广西民族大学就读，小儿子考取了广西医科大学。除了正常的政策帮扶，他的家庭仍十分拮据，在黄文秀的帮助下，通过"雨露计划"得到了5000元的补助，切实帮助了这个贫困家庭。

为了实现百坭村的可持续发展，黄文秀带领干部群众找路子、学经验，立足当地实际发展种植业。为了解决技术问题，她千方百计请专家到田间地头作指导，广泛宣传动员农户参加学习，鼓励党

员干部发挥带头示范作用。在她的努力下，全村杉木种植由8000亩增加到2万亩，八角从600多亩发展到1800多亩，枇杷500多亩，砂糖橘实现了种植翻番，种植业成为百坭脱贫致富的支柱产业。

产业确立了，百坭的路还需迅速修好。百坭村还有5个屯交通困难，黄文秀到处忙着开会拿方案，跑项目申请，最终在2018年修好了两条，其余三条被列入乐业县2019年财政专项扶贫计划。如今，全村的道路硬化已全部完成，乐百高速穿境而过，省级二级公路已经贯通，百坭村四通八达早已告别了往日的闭塞，"文秀产业路"已经建成通车，一车车的特色农产品由此运往全国各地。

黄文秀说："百色作为脱贫攻坚的主战场，如何将百色革命先烈们奋勇向前、不断拼搏的精神传承下去，作为青年一代我们责无旁贷，同时作为第一书记，我有信心在党中央的正确领导之下，不获全胜，绝不收兵。"

脱贫攻坚的道路上奋斗不止

黄文秀始终奋斗在脱贫攻坚的路上。村干部杨政一回忆说，文秀书记可以用两个词来形容："勇敢和坚韧"。扶贫工作十分艰苦，但大家从没有听文秀书记说过一个"苦"字。村民大多早出晚归在田间劳作，为了多了解情况，她经常早上七八点就已经在山上帮助村民干活、聊天，查看农田和果园的情况，到晚上八九点还在村民家中走访。

黄文秀自己的家庭也是在 2016 年刚刚脱贫，母亲还有先天性心脏病，父亲因为肝癌动了两次手术。而这一切她从来不提，将这些深埋在心底，默默在漫漫扶贫路上砥砺前行。

2019 年 6 月 16 日晚，文秀看望刚刚做完手术的父亲，就匆匆离开了。预报有大雨，她必须尽快赶回百坭村，怕村民再遭受暴雨

灾害，也为了参加第二天的会议。雨丝凄凄，簌簌而下，文秀的背影渐渐远去，摇曳的树枝似乎在倾诉文秀对家人的依依不舍。夜间，文秀必经的凌云县路段暴雨引发了山洪。6月18日，经过两日的搜救，救援队确认百坭村第一书记黄文秀不幸殉职。

噩耗传来，百坭村的同事们朝100多公里外的凌云县飞奔……

百坭村的群众失去了扶贫路上的一位好队长，好书记！

在那间简陋的办公室，床下放着陪伴黄文秀走遍百坭103户贫困户的两双雨鞋、两双球鞋；书桌上整齐摆放着工作实绩报告表、一本驻村日记；在房间的角落，那把落满灰尘的吉他依然默默无语地伫立，无声诉说着黄文秀的青春年华。曾经深度贫穷的百坭村早已告别了昨日的贫困与落后。如今，村里建成了文秀广场、文秀卫生室、观光荷花池、文秀幼儿园、村民服务中心等设施，提高了人们的生活水平。点点滴滴，细微之处记录着黄文秀的青春岁月和奋斗精神。

谁将人民深深放在心上，人民就会把她高高举起，人民会将她铭记。在百坭村的干部及驻村工作队去向牌上，原驻村第一书记黄文秀今日去向情况仍被标注为"请假"。黄文秀早已成为一种精神，祖国不会忘记、人民不会忘记。得知黄文秀的事迹，人们纷纷感动落泪，以黄文秀为原型创作了歌曲、电视剧、纪录片等形式多样的作品。

"我们要继承黄文秀的遗志，走完脱贫攻坚长征路。"黄文秀殉职后，她生前的同事杨杰兴成了百坭村第一书记。2020年底，百坭村已经完全脱贫，贫困户也实现了全部脱贫摘帽，实现了黄文秀生前的梦想。如今的百坭已是"旧貌变新颜"，白墙黛瓦、溪水潺潺之下，黄文秀的精神继续鼓舞着村民砥砺前行，百坭村行走在乡村振兴的道路上。

　　在黄文秀的故乡德爱村的山头，捻子树花开花落，红白相间的花色夺人眼目；捻子果依然青了黄，黄了红，红了紫。无尽的思念，如同岁月生生不息，往复循环。

五星红旗闪耀太阳的光芒

飘在哪里哪就有我的方向

你总是能给我前进的力量

我有心事都愿与你分享

五星红旗就飘在我的心上

驱散阴霾让我挺起脊梁

永不褪色,点燃红色的信仰

你是胜利你是我们的希望

五星红旗飘呀飘

飘在我心上

——歌剧《扶贫路上》

Afterword
后记

　　"在扶贫的路上，不能落下一个贫困家庭，丢下一个贫困群众。"——这是党和政府为民情怀和执政信念的庄严承诺。

　　时代造就英雄，伟大来自平凡。回首过去，我们在解决困扰中华民族几千年的绝对贫困问题上取得了伟大历史性成就，创造了人类减贫史上的奇迹。展望未来，我们正在为全面建设社会主义现代化国家的历史宏愿而奋斗。而那些在脱贫攻坚战场上无私奉献过的人们，必将被人民铭记，被历史铭记。

　　在完成这本《脱贫攻坚英模故事》的过程中，我们走访了一些脱贫英模们曾经工作和战斗过的地方，也探访过一些因为脱贫攻坚而改变了命运的群众。在创作中，我们无数次被这些默默在脱贫攻坚战场上付出着的人们所感动，无数次被他们的精神所洗礼。这些英模是我们身边最普通、最亲近的人，也是这个时代最伟大、最杰出的人。他们代表着这个时代最伟大的精神，凝聚着中华民族坚韧不拔、守望相助的美好和伟大的品格。

我们希望记录下这些美好和伟大。

取材上，我们力求真实，用英雄模范人物的日常工作、生活细节刻画人物，让读者真实感受到这场脱贫攻坚战的艰辛和英雄模范人物一点一滴的所思所想、一言一行的无私奉献。

创作中，我们力求完美。对每个人物的工作细节都进行了核实，对文中出现的贫困群众、未成年人及涉及隐私的人物均做了化名处理。

本书编写得到有关部门大力支持，帮助提供背景材料，组织人员认真审稿。毛德智、曾佑志、毕国强、李博、李霖、郭少雅、黄婧、苗坤等同志确定了编写框架思路，提出了很多中肯的意见建议。北京泽之语文化传媒有限公司承担了编写基础工作，组织专业团队多次修改完善书稿。

这本书的创作过程，是一个充满艰辛也充满感动和喜悦的过程。希望得到青少年朋友的喜爱，也希望社会各界人士对本书提出宝贵意见。书中采用的部分图片未能联系到作者，相关图片作者如果看到后请与我们取得联系，我们将依法支付稿酬。

2023 年 9 月

▶ 脱贫攻坚战以来中国农村
贫困人口变化情况

（万人）

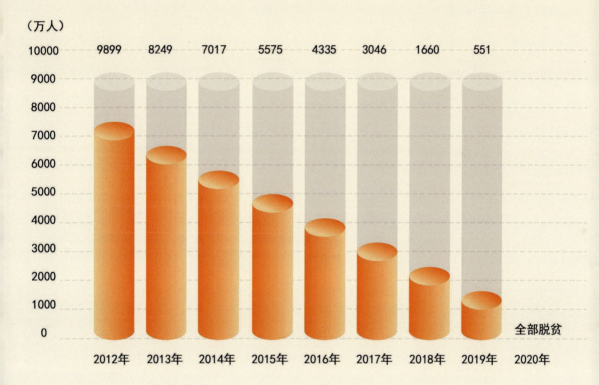

	9899	8249	7017	5575	4335	3046	1660	551	

10000
9000
8000
7000
6000
5000
4000
3000
2000
1000
0

全部脱贫

2012年　2013年　2014年　2015年　2016年　2017年　2018年　2019年　2020年